大人が読みたい アインシュタインの

エジソンの発明と相対性理論の意外な関係

石川憲二 著

B&Tブックス
日刊工業新聞社

プロローグ
笑わない天才が舌を出した理由

「アインシュタイン」で画像検索すると大量にヒットするのは、舌を出して「あっかんべー」をしている写真だ。彼について記した本にはたいてい掲載されているし、**アート作品**[*]**などに**もよく流用されているので、記憶にある人は多いと思う。

ところが、この写真が**あまりに有名**[*]なせいか、「相対性理論という難しい学問を考え出したのにユーモアやサービス精神に溢れる気さくな人だったんだねえ」といった親しみやすい人物像が広く信じられてしまったように感じる。残念ながら、ここからアインシュタイン博士への誤解が始まっている。

生前のアインシュタインと交流のあった人たちの証言を集めていくと、冗談などあまり口にしない、物静かで生真面目な人物だったことがわかる。けっして人づきあいが悪かったわけではないが、それでも「雑務はできるだけ避けて自分の研究に没頭したい」と考える超自己中心的なタイプだったので、そんな生き方を理解し、気を回せる人でないとそばにはいられない。そのせいか、あまり親しくないうちは「気難しい人」といった印象を受けることも多かったそうだ。

それなのに、なぜあんなフレンドリーな写真が撮られてしまったのか？

静かな学究生活を望んでいたアインシュタインは取材を受けるのが好きではなかったし、写真を撮られるのは大嫌いだった。そのあたりは、外見をあまり気にしないボサボサ頭と地味な服装というお馴染みの風貌を思い起こしてもらえばわかると思う。実際、あれだけ高名な人物でありながら、残っている写真はかなり少なく、特に**笑っているものはほとんどみられない**ほどだ。

1951年3月14日、アインシュタインの72歳の誕生日を祝って知人たちがパーティを開いてくれた。家路に就くために自動車に乗り込んだところを、INS通信社（現在のUPI通信社の前身のひとつ）のアーサー・サスというカメラマンに直撃される。


「アインシュタイン博士、笑顔をください」


こう声をかけられ、普段ならそっけない対応をするのに、多少、上機嫌だったせいか、思わず笑みを漏らしそうになる。その照れ隠しの意味もあって、ついつい舌を出してしまった……というのが真相らしい。

思わぬ展開に、撮影者は「スクープだ！」と大喜びで社に帰った（つまり、アインシュタインらしくない貴重な表情が撮れたということだろう)。ところが、現像された写真を見た同僚たちは慌て、「舌を出しているのは、いきなり撮影しようとしたことへの抗議なのだから、この写真は掲載しないほうがいい」とまで言い出す始末。このあたりの展開も、当時のジャーナリズムが抱くアインシュタイン像を表していて興味深い。つまり、それほどまで気を使わなければいけない相手だったということだ。

これに対してアーサー・サスは「そんな険悪な雰囲気ではなかった」と主張し、結局、写真は公開されることになった。他人に向かって舌を出す行為は欧米では強い侮辱の意を示す

せいか、一部の読者から「ふざけている」「不愉快な写真だ」といったクレームがあったものの、アインシュタイン本人からの苦情はいっさい来ない。それどころか、おそらく仲介者を通してだとは思うが撮影者に連絡があり、「気に入ったから焼き増しして送ってくれ」と伝えてきたという。

そんなこんなでこの写真は公然のものとなり、さらに同年のニューヨーク新聞写真家賞のグランプリに選ばれたことで、ますます有名になっていった。その結果、もっともアインシュタインらしくない表情が、彼を象徴するポートレートになってしまったのである。

ただ、アインシュタインへの誤解は仕方のない部分もあると思う。というのも、知名度の高さに比べてプライベートに関する情報が少なく、実態が掴みにくいからだ。特に幼少期のエピソードは片手で数えるくらいしかないため、壮大に「増量」しないとストーリーがつくれないほどである。

仕事に関しても、彼が続けてきたのは頭の中だけで行う「思考実験」と呼ばれるものだったので、進行状況は本人にしかわからない。周囲の証言を集めたとしても、それは推測の域を出ないからだ。

それどころか、もしかすると本人でさえも、どこがターニングポイントだったか把握していない可能性がある。なぜなら、理論物理学における「思いつき」と「理論確立」までのあいだにはグラデーションのような長い熟成期間があるので、素人が期待しているような**決定的な瞬間***などないからだ（そもそも外界から簡単にヒントを得られるほど日常的な世界ではない）。つまり、すべてが闇の中の話であり、物語として可視化しにくい。

これに対して、科学史に残る他の偉人たち、たとえば**ガリレオ***であれば「重さの違う物体でも落下する時間は同じだと証明するためにピサの斜塔から大小2種類の球を同時に落としてみせた」といった公開実験の記録が残っているし、ニュートンならリンゴの木のエピソードが有名だ（史実かどうかは不明だが、何かの落下を見て万有引力の発見につながったのはたしか）。ところがアインシュタインにはこのような「映像化しやすいシーン」がほとんどないので、「いつ、どこで、どうやって相対性理論を思いついたのか？」といった伝記物語を構成する最重要ポイントですら、はっきりしないのである。

そんな曖昧模糊とした人物でありながら、「**20世紀最高の科学者***」だとされているせいか、あるいは独特の風貌が大衆のイメージする科学者像に一致しているせいなのか、映画やマンガなどの作品の中ではやたらモデルにされる。ところが、そこで描かれる人物像がまたまた本人とかけ離れているので、新たな誤解を生む一因になってしまう。

たとえば映画『バック・トゥ・ザ・フューチャー』シリーズのメインキャストのひとりエメット・ブラウン博士（ドク）は「ボサボサの白髪頭と目立つ鼻」という完全にアインシュ

タインを意識したキャラクターになっている（ご丁寧にも愛犬の名前がアインシュタインだ）。ところが、作品中のドクは割と頻繁に冗談を言う明るくおちゃめな性格だし、専門もどちらかといえば**機械工学といった感じ***なので、ビジュアル以外に似せているところはひとつもない。

そういえば、筆者が子供のころから親しんできた『鉄腕アトム』*の**お茶の水博士***も、あとから「アインシュタインがモデルだった」と知って驚いたことがある。たしかにボサボサの白髪頭と目立つ鼻は重なっているものの、ロボットの開発をしているのだから、やはり機械工学系の研究者（技術者）であり、理論物理学者とは職種がまったく異なる。その他、『名探偵コナン』の阿笠博士や『タイムボカン』の木江田博士など、アニメに登場する学者の多くがどこかしらアインシュタイン風味を加えられているのだが、やっている仕事もキャラクターも一致しないので、刷り込まれないように注意が必要だ。

アインシュタインに関する情報が少ないのには、もうひとつ理由がある。それは、伝記本を制作する著者や編集者の多くが「理科系の勉強が好きではないからこの分野に進んだ」といったタイプだからだ。筆者の実体験では、10人中8人は物理学の知識が中学校卒業レベルである。するとどうなるか？

出版社で偉人伝の新しいシリーズを出すことになっても、「アインシュタインをラインアップに加えましょう」といった前向きな発言はまず出てこない。彼の人生を紹介するということは、どこかで相対性理論についても解説する必要があるわけで、それが面倒臭いからだ（その部分だけを大学の先生に書いてもらったとしても、編集の段階で読まないわけにはいかない）。それなら、もっとわかりやすい偉人は他にもいくらでもいるのだから、あえてアインシュタインを起用する必然性はない。実際、子供向けの伝記本ではエジソンやキュリー夫人などの定番の人物に比べるとアインシュタインの登場回数は圧倒的に少ないので、このあたりの推測はあながちまちがってはいないと思っている。

児童向けの図書にあまり取り上げられなければアインシュタインに興味をもつ子供は少なく、大人になったらもっと無関心になってしまうから、ずっと知識不足の状態が続く。その結果、「相対性理論という難しいことを考えた人」「あっかんべーの写真」といった2つの情報だけで判断されてしまうのである。

これは由々しき問題だ。「20世紀最高」かどうかは置いておくとしても、アインシュタインが科学史に燦然と輝く巨人であることはまちがいない。偉大なる業績を考えたら、もっと多くの人に彼の実像を知ってもらうべきだろう。伝記界の大スターであるエジソンには及ばないとしても、せめてガリレオやニュートンとは同等には扱ってほしい。そんな願いを込めて、この本を書くことにした。課題である相対性理論も「あらすじ」くらいはわかるようにするつもりなので、楽しみにしていてほしい（大丈夫かなあ）。

相対性理論については、今でも「物理学の新しい考え方であり、あまりに難しいため、きちんと理解できている人はほとんどいない」と信じ込んでいる人が少なからずいて、驚いてしまう。これは完全に誤解である。

相対性理論は新しい学説ではなく、最初に発表されたのは１９０５年（明治38年）と１１０年以上も昔のことだ。同じころにどんな出来事があったかというと、ライト兄弟が動力飛行に成功したり（１９０３年）、日露戦争があったり（１９０４～１９０５年）、フォード・モーター社が世界初の量産自動車「モデルＴ」の販売を始めたり（１９０８年）と、歴史の教科書でしかお目にかかれない故事ばかりである。

そんなことから、科学の世界では相対性理論はすでに古典物理学の一つに数えられ、誰もが納得しているあたりまえの考え方として扱われている（つまり、常識になっている）。それなのに、未だに「相対性理論はまちがっている」と主張するオカルト系の人が後を絶たず、なかには堂々と本まで書いてしまうことがあるのは不思議というか、ある意味、**すごい度胸**[*]だと思う。

カーナビゲーションシステムやスマートフォンなどで利用されているグローバル・ポジショニング・システム（ＧＰＳ）では相対性理論の「高速で移動する物体では時間の進み方が遅くなる」という考え方に基づいた補正が行われている（人工衛星は補正を行わないといけないぐらいの高速で動いている）。したがって、今、スマホの地図にあなたの居場所が正確に表示されているとしたら、それはもうアインシュタインの正しさを認めたのと同じなのである。

それだけ常識になっている科学理論なのだから、個人的には中学生ぐらいから教えたほうがいいと思っているのだが、残念ながらそういう動きは見られない。日本がこれからも科学技術立国として生き残っていくには有効な政策だと思うので、文部科学省には、ぜひ検討してほしいものだ。

要求するだけではいけないので、筆者も少しは教育改革に貢献していきたい。もし本書によってアインシュタインへの関心が高まり、一般の人の「相対性理論への抵抗感」が揺らげば、時代は変わっていくかもしれないのだから。

そのためにも、まず知ってほしいのは、アインシュタインという人物の人生だ。私たちは物理学の専門家ではないのだから、そこからひもといていかないと、相対性理論という「核心」には迫れない。なので、アインシュタインが育ってきた時代、環境、そして人物像から話を始めていこう。

Deep View

＊アート作品などにも
有名なのはチェ・ゲバラやマリリン・モンローなど時代を代表する人物のポートレートをモチーフにしたアンディ・ウォーホルの一連のシルクスクリーン作品だろう。よく知られた映像を新たな表現で見せることがテーマだっただけに、題材の一つに選ばれたということが、この写真の認知度の高さを表している。

＊あまりに有名
グーグルの画像検索でヒット件数の多い順にランキングしてみた人の報告によると、「世界で最も有名な写真ベスト10！」の第3位がアインシュタインのこの写真だったという。ちなみに第1位はアンディ・ウォーホルも題材にしたチェ・ゲバラの超有名な写真で、個人のポートレートでベストテンに入ったのはこの2人だけだった（他に

はビートルズのアルバム『アビイ・ロード』のジャケット写真や「捕まった宇宙人」などがランクインしている)。
https://matome.naver.jp/odai/2138150013927984601

＊笑っているものはほとんどみられない

画像検索の結果を、もう一度、確認してもらえば、1、2枚くらいしかみつからないはずだ。

＊決定的な瞬間

たとえば、古代ギリシャの学者アルキメデスが入浴時の水位の上昇と水中に沈んだ身体の体積が同じことを発見し、「ユリイカ!」と叫んだような……(これも、たぶん後世の創作だろうが、相対性理論の場合は、そういった想像さえできない)。

＊ガリレオ

イタリアでは偉大な人物を姓ではなく名で呼ぶ習慣があるので(ダンテ、ミケランジェロ、ラファエロなどもそう)、ガリレイではなくガリレオと表記するのが一般的になっている。ちなみにナポレオンもイタリア系フランス人なのでボナパルトとは呼ばない。

＊20世紀最高の科学者

たしかに偉大な業績を残したが、アインシュタインに匹敵する業績をあげた学者は他にもけっこういるので(理論物理学でいえば量子力学の先駆者たちとか)、簡単に「最高」と決めつけるのも問題だと思う。

＊機械工学といった感じ

アインシュタインのような理論物理学者は機械装置には疎いことが多く（家電もまともに使えないとか）、設計のような専門的な作業はまずできない。エメット・ブラウン博士はデロリアンを改造してタイムマシンにしたり、西部劇の時代に自力で製氷機をつくっているので、機械工学か、ぎりぎりでも応用物理学（物理学の分野ではもっとも理論物理学と離れている現実的な学問）の出身だと思う。

＊お茶の水博士

『鉄腕アトム』の作者手塚治虫は旧制北野中学で同級生だった心臓外科医の渥美和彦氏がモデルの1人だったと本人に語ったことがあるそうだ。たしかに渥美氏の独特な容貌は似ているものの（要ネット検索）、お茶の水博士がデビューした1951年には、まだ22歳の若者だったのだから、モデル説はかなり怪しい（何かのインスピレーションは受けたのかもしれないが）。なので、この話は手塚先生得意の冗談だったのではないかと思っている。

＊すごい度胸

「テレビの中には小さな人が入っているから見えるんだ」と主張しているのに近いレベルだと思う。実用的なテレビの開発が行われたのは1920年代であり、特殊相対性理論より新しい。

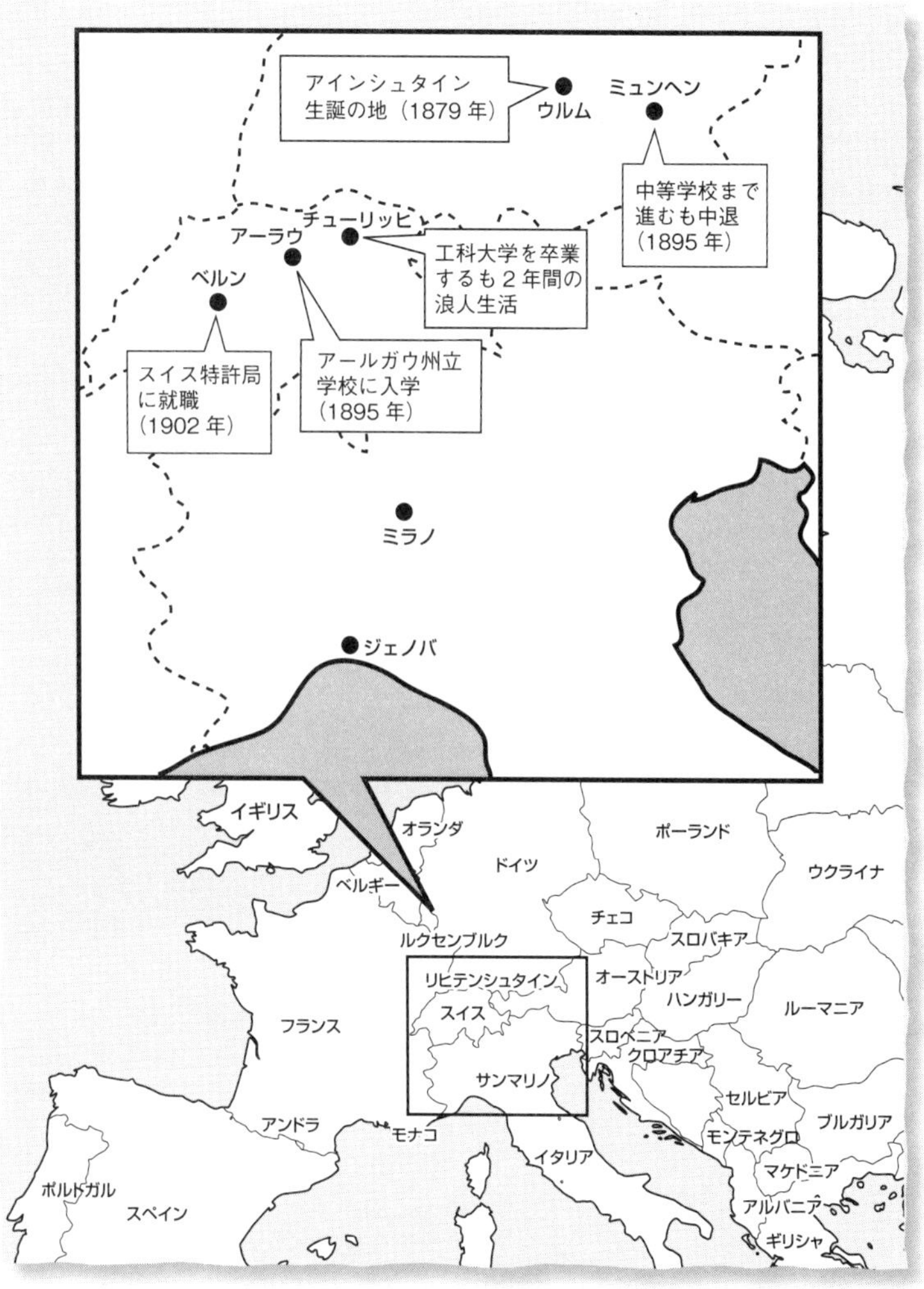

アインシュタイン幼年期地図

1913年（34歳）	プロイセン科学アカデミーの会員となりベルリンへ（家族とは別居）。
	■1914～1918年　第一次世界大戦■
1914年（35歳）	ドイツのベルリン大学教授に就任。
1916年（37歳）	一般相対性理論を発表。
1917年（38歳）	ドイツのカイザー・ウィルヘルム研究所初代所長に就任。 肝臓病などで倒れ、従姉のエルザ・レーベンタールが看病を続ける。
1918年（39歳）	論文『一般相対性理論におけるエネルギー保存則』『重力波について』。
1919年（40歳）	妻ミレヴァと協議離婚。従姉のエルザと結婚。 皆既日食の観測により重力場による光の屈曲が一般相対性理論の予言通りであることが認められ、一躍、世界的な有名人に。
1921年（42歳）	チェコ、オーストリア、アメリカ、イギリスを訪問。
1922年（43歳）	ノーベル物理学賞を受賞。日本を訪問（11月17日～12月29日）。
1923年（44歳）	日本からの帰途、パレスチナとスペインを訪問してドイツに戻る。
1927年（48歳）	第5回ソルベ会議に出席し、ニールス・ボーアと量子論について激論。
1928年（49歳）	心臓病により倒れる。
1929年（50歳）	ベルギー王家を訪問。論文『統一場理論』。
1930年（51歳）	ベルリン郊外に別荘を建てる。 カリフォルニア工科大学の客員教授に就任し、以降、毎年訪米。
1933年（54歳）	ナチスによる迫害を逃れ、ベルギーへ（王妃が保護）・その後、イギリス、スイスを経てアメリカに亡命。 プリンストン高等研究所教授に就任する。
1935年（56歳）	アメリカへの永住権と国籍取得を申請。
1936年（57歳）	妻エルザ死去。
	■1939～1945年　第二次世界大戦■
1939年（60歳）	ルーズベルト大統領に原子爆弾の研究を勧める手紙を送る。
1941年（62歳）	アメリカ国籍を取得。
1944年（65歳）	プリンストン高等研究所を退職。
1949年（70歳）	最後の論文（261本目）『一般相対性理論における粒子の運動』。
1952年（73歳）	イスラエルの初代大統領への就任依頼を辞退。
1955年（76歳）	4月11日、核廃絶への会議創設を訴えるラッセル＝アインシュタイン声明に署名。 4月18日、プリンストン病院にて動脈瘤破裂のため死去。

段階で自動的に1歳ずつ増えていくこととし、誕生日は考慮しない（つまり1月1日に加齢する）。

アルベルト・アインシュタイン年表

1879 年（0 歳）	3 月 14 日、ドイツ帝国ヴュルテンベルク王国のウルムに生まれる。
1880 年（1 歳）	一家でミュンヘンに転居。
1884 年（5 歳）	父に方位磁石をもらう
1885 年（6 歳）	ミュンヘンのカトリック系の小学校に入学する。
1889 年（10 歳）	ミュンヘンのルイトポルト州立中等学校（ギムナジウム）に進学。
1894 年（15 歳）	家族がイタリアのミラノに転居するが、本人はミュンヘンに残る。
1895 年（16 歳）	州立中等学校を中退し、ドイツを離れる。 特例でスイス連邦のチューリッヒ工科大学を受験するが不合格に。 スイスのアーラウにあるアールガウ州立学校に入学。
1896 年（17 歳）	ドイツの国籍を放棄する。 チューリッヒ工科大学に入学し、数学と物理学を専攻する。
1900 年（21 歳）	チューリッヒ工科大学を卒業するが職がなく２年間の浪人生活を送る。
1901 年（22 歳）	最初の論文「毛管現象からの二、三の帰結」。 スイスの国籍を得る（5 年間無国籍状態だった）。
1902 年（23 歳）	ベルンのスイス特許局に３級技師として就職。 ミレヴァとの間に女児リーゼルが誕生するが養子に出される。
1903 年（24 歳）	ミレヴァと結婚。
1904 年（25 歳）	長男ハンス・アルベルトが生まれる。
1905 年（26 歳）	相次いで重要な論文を発表し、後に奇跡の年と呼ばれる。 ３月『光の発生と変換に関する一つの発見的な見地について』（光量子仮説） ５月『熱の分子論から要求される静止液体中の懸濁粒子の運動について』（ブラウン運動論文） ６月『動いている物体の電気力学』（特殊相対性理論） ９月『物体の慣性はその物体の含むエネルギーに依存するであろうか』（特殊相対性理論第２論文）
1906 年（27 歳）	スイス特許局の２級技師に昇格。
1907 年（28 歳）	重力と加速度運動の「等価原理」を発見（一般相対性理論へ）。
1908 年（29 歳）	スイスのベルン大学講師に就任。
1909 年（30 歳）	チューリッヒ大学の助教授になり、特許局を退職。
1910 年（31 歳）	次男エドゥアルドが生まれる。
1911 年（32 歳）	チェコのドイツ・プラハ大学教授に就任し、プラハに転居する。 論文『光の伝播に対する重力の影響』。
1912 年（33 歳）	チューリッヒ工科大学の教授に就任し、スイスに戻る。

※複数の資料から著者作成　なお、本書では年齢に関して誕生年を０歳、その後、年が新しくなる

目次

大人が読みたいアインシュタインの話
エジソンの発明と相対性理論の意外な関係

目次

第1章

夢も希望も感じられない子供時代

アルベルト・アインシュタイン（Albert Einstein）は1879年3月14日、ドイツ南部の**ウルム**[*]という町で生まれた。ただし、翌年には一家でミュンヘンに移り、16歳になるまでそこで暮らすのだから、実質的な出身地はそっちだと思う。

なお、ちょっと古い資料では名前が「アルバート」になっていることが多い。最近になってアルベルトが主流になったのは、「アルバートは英語式の読み方であり、アインシュタイン博士はドイツ出身なのだから母国語の読み方に合わせるべきだ」という意見が大勢を占めたからだろう。このごろは外国人の名称はできるだけ母国語の発音に従おうというムードがあるので、こういった書き換えが進んでいるようだ。

もっとも、Albertをアルベルトと読むのはドイツ語でも特殊な発音で（オペラや古典演劇などで用いられる舞台発音と呼ばれるもの）、口語ではアルバートのほうが近いらしいから（強いてカタカナにするならアルベァト）、このあたりの匙加減はよくわからない。まあ、こんなところで足踏みを続けていても話が先に進まないので、ここでは長いものに巻かれ、アルベルトで統一することにしよう。その他、彼の名前に関するどうでもいい雑学は**注釈**[*]**にまとめておいた**。

なお、当然ながら家族みんながアインシュタイン姓なのだから、子供時代のことを書くときにはアルベルトとするべきなのかもしれないが、本の途中で呼び方が変わるのもおかしいので（タイミングがわからないし）、本書では「アインシュタイン」に統一する。

アインシュタインにとっての母国がドイツであるのはたしかだが、ただ、それを強調したからといって本人が喜んでいるかどうかはわからない。

ドイツが統一国家を成立させたのは１８７１年と、アインシュタインが生まれるわずか８年前のことだ。日本が明治維新を経て近代国家としてスタートするのが１８６８年だから、実はそれより遅いのである。

そのころ、西ヨーロッパの主要国はとっくに統一を成し遂げ、近代化への道をまっしぐらに突き進んでいた。フランスは10世紀にはすでに単一の王国となり、１７８９年の革命によっていち早く共和制をスタートさせた「先進国」だったし、イギリスも10世紀の統一で生まれたイングランド王国を主体に１７０７年にはスコットランドとの合邦を成功させて強固な連合王国を築いている。出遅れていたイタリアですら１８６１年に統一王国が誕生しているのだから、ドイツだけが取り残された格好だ。

それでは、統一前の「ドイツ」がどんな状況だったのかというと、領邦国家と呼ばれる**君主制の半自立地域***に分かれていて、一応、ドイツ人としての緩やかなナショナリズムはあったようだが、**同じようにドイツ語を話す***オーストリアとその支配地域がそこに含まれるかどうかは明確ではなく、要するにドイツという概念は、まだ完全には固まっていなかったのである。

そんな分裂した状態でも、中世を引きずっていた19世紀半ばごろまではなんとかなった。

最速の輸送手段が馬である時代なら、細かく支配地域が分かれていても、物や情報の流通にそれほど支障はなかったからだ。ところが、イギリスで始まった産業革命の波が大陸にも押し寄せてくると、いろいろ問題が起きてくる。

たとえば、ある会社が「ドイツ」の広いエリアで蒸気機関車による鉄道網を構築しようと思っても、領邦国家ごとに法律や制度、さらには政策や権力者の思惑などが異なっていると、線路を延ばそうとするたびにそれぞれの政府と交渉しなければならず、面倒臭いだけでなく投資効率が悪くなってしまう。ただでさえイギリスやフランスに比べて遅れているのに、これではますます差が広がっていくばかりだ。産業投資家（ブルジョワジー）たちの不満は急速に高まっていき、そんな気運に応えるかたちで最有力国家だったプロイセン王国による「天下統一」が成された結果、ようやく誕生したのがドイツ帝国だったのである。

遅いスタートとなったものの、首相であるオットー・フォン・ビスマルクの鉄血政策によって富国強兵への道を突き進み、あっという間に列強の一角を占めるようになっていくのはさすがだ。ところが、もともと多様な文化や風習の残る寄せ集めの国で強引な統一政策を進めたことにより、地域によっては大きな反発を招く。その中心地のひとつがミュンヘンだった。

統一を主導したプロイセンはベルリンを首都とする北ドイツの国であり、ミュンヘンのある南ドイツのバイエルンとはかなり隔たりがある。バイエルン人は民族的にはオーストリア人の大部分と重なっており、比較言語学ではバイエルン・オーストリア語圏と同一のカテゴリーに分類されてしまうほど文化的には近い。同じ「ドイツ人」でもプロイセン人との共通点のほうが少ないくらいだ。

プロイセンとバイエルンについてステレオタイプな特徴付けをするなら、プロイセンが「足並みを揃えてみんなで同じ方向に進もう！」という猪突猛進型の社会なのに対して、バイエルンは「個性も大事だから、のんびりいきましょう」といった悠々自適型の社会になる。プロイセン側からみれば「バイエルンのやつらは田舎者で、ビールとソーセージさえあれば満足している」「保守的でいつまでも古いものにしがみついているから宗教改革があったのにカトリックのままだ」と馬鹿にされるのだが、バイエルン側から見れば「**プ*ロイセンの全体**

主義は怖い」「国が豊かになったり強くなったりするのはいいが、そのために個人が犠牲になるのはまっぴらだ」となる。まあ、似たような文化的差異は世界中どの地域にもあるので(日本の東京と大阪とか、東京の山の手と下町とか……)、これ自体はそんなに驚くことではない。

重要なのは、アインシュタインが生まれたばかりのドイツは統一間もない「生乾き」の状態だったということだ。それなのに、近代化を急ぐプロイセン流のやり方がバイエルンにも徐々に浸透していき、社会は不穏な空気に満ちていく。少年時代のアインシュタインは町中で頻繁に行われる軍事訓練の行列に嫌悪を示したと伝えられており、これについて多くの伝記本では「博士が貫いた平和主義のルーツがここにあるのです!」といった方向付けをしたがるのだが、そのころの彼の感情は平和主義というよりもバイエルン人としてのプロイセンへの反発のほうが強かったのではないかと思っている(ただし、ミュンヘンにも強いドイツに憧れて富国強兵策を支持した人は大勢いたので、それに染まらなかったのはアインシュタインの個性の萌芽だとはいえるのだが……)。

---

*国籍

後述するように、アインシュタインは16歳のときにスイスの学校に入ると、すぐにドイツ国籍を捨ててしまう。そして22歳でスイス国籍を取得してからは死ぬまで手放していないのだから、公的にはずっと「スイス人」のままだ。

途中、仕事の関係でベルリンに暮らしていたあいだ、再びドイツ国籍を取得して二重国籍状態になっている時期がある。このことに関して「第一次大戦の敗戦によって疲弊した母国の姿を見て愛国心が呼び起こされ、自ら進んで国籍を戻した」といった内容の説明をしている資料があるのだが、これは勘違いだろう。なぜなら、ドイツ国籍の再取得は大戦が始まった１９１４年のことであり、辻褄が合わなくなってしまうからだ。なので、国籍の下りはあくまで**事務手続き上の問題***に過ぎないと考えている。

それでも、第一次大戦の敗戦国という悲惨な状態だったにもかかわらずドイツ国内に残り、仕事を続けていたのだから、故郷への情は多少はあったような気がする。ところが、そんなアインシュタインの思いに「母国」は応えられなかったどころか、冷たい仕打ちで返す。第一次大戦後のドイツでは反ユダヤ主義が高まり、それに乗っかった学者たちが反アインシュタイン運動を始めたのだ。そのせいで暴力沙汰まで起き、講演会などが次々と中止に追い込まれていったそうだから、学問よりもイデオロギー（しかも偏った）や感情が優先される社会になっていったのである。

そして１９３３年、アドルフ・ヒトラーが首相に就任してナチス（国家社会主義ドイツ労働者党）による独裁が始まると事態は最悪になる。露骨な弾圧どころか、ついには命さえ奪われかねない状況になり、**アメリカへの亡命***を決意するのである。その後、第二次大戦が終わってドイツが平和になってからも二度と戻ろうとはしなかったのだから、出生地への思いはかなり複雑なものがあったのだろう。

アインシュタインはユダヤ人一家の生まれであったものの、父も母も**熱心なユダヤ教徒とはいえなかった**ので（アインシュタインを入学させたのもカトリック系の小学校だった）、ナチスが大騒ぎするまでそのこと自体、あまり話題に上らなかったほどだ。彼が生まれた時代、ドイツ国内のユダヤ人の多くは一般的なドイツ人と同じような生活を送っており、特に**強い民族意識はなかった**という。

それでも、ユダヤ人のコミュニティは存在しており、その中で育ったことから自分が常に少数派のグループにいるといった意識は生涯を通してもっていたようで、アインシュタインという人物について語るとき、このことは非常に重要だと考えている。

Deep View

＊ウルム

このころはドイツ帝国の構成国のひとつであるヴュルテンベルク王国（首都はシュトゥットガルト）の中都市で、世界でもっとも高い162メートルの尖塔を有するウルム大聖堂で知られる。第二次大戦中の爆撃によって旧市街の約80パーセントが破壊されたため（大聖堂は無事だった）、アインシュタインが生まれたころの町並みはほとんど残っていない。

＊注釈にまとめておいた

姓の Einstein は英語だとエインステインになるのかと思ったら、「アインスタイン」が正解らしい（http://www.dictionary.com/browse/einstein）。なお、アインシュタインという音の響きは日本語では強く感じられるので「何か深い意味があるのでは?」と思いがちだが、ドイツ語で ein stein は「一つの石」となり、意外とシンプルな名前であることがわかる。壱石さん?

＊君主制の半自立地域

日本の戦国時代における大名領国のようなもので、領土問題などを巡って戦争をすることもあった。しかも領邦国家の数は最大で300にも及んだそうで、連合王国（United Kingdom）と称するイギリスですら４つの国の集合体ですらないことを考えると、ドイツはヨーロッパの中でもかなり特異な歴史背景をもっていることがわかる（今でも州ごとに憲法をもつ連邦国家で、欧州では他にスイスと今のロシアしかない）。

＊同じようにドイツ語を話す

スイス国民の約３分の２もドイツ語を話すが（ただし、発音や語彙にはかなり違いがあり、相互理解は難しい）、13世紀末には建国し、以降、周辺諸国からのさまざまな圧力にも負けず独立を守る姿勢を示してきたので、さすがに「ドイツ人の一部である」とは考えられていなかったようだ。

＊プロイセンの全体主義

ただし、その後、バイエルン・オーストリア語圏出身のアドルフ・ヒトラー（生まれはオーストリア）がビスマルク以上の全体主義を推し進めて第二次大戦の敗北というドイツ史上最大の不幸をもたらしたことから、このあたりの論議は微妙なものになっているらしい。

＊国籍

欧米の場合、正確には国籍（nationality）ではなく所属する社会（町や村）の市民権（citizenship）なのだが、事実上は日本の国籍と同じなので、本書ではこっちに統一する（細かく説明すると大変なことになる）。

＊事務手続き上の問題

国公立の学校や研究機関に勤めると公務員になることから、国籍取得が義務づけられていた可能性が高い。ドイツに来る前にプラハの大学に勤務していたときにも、当時、チェコを統治していたオーストリア＝ハンガリー帝国との二重国籍になっているので、同じ理由だろう。また新たに取得した「ドイツ国籍」は正確にはプロイセンの市民権なので、子供のころもっていたバイエルンのものとは継続性がない。

＊アメリカへの亡命

１９３３年にアメリカに移住し、１９４０年には国籍も取得するが、スイス国籍は放棄していないので、ずっと二重国籍状態だった。

＊熱心なユダヤ教徒とは言えなかった

Albert という名前もゲルマン語の Adalbrecht（高貴な光）に由来しており、ドイツ語圏や英語圏ではありふれたもので、ユダヤ教とは無関係だ。

＊強い民族意識はなかった

ヨーロッパ在住のユダヤ人が自らの民族性を強く意識したシオニズム運動を始めるのは１８９０年代以降だった（第１回シオニズム会議が開かれたのは１８９７年）。

■「知」を重んじる家に生まれた幸運

父：ヘルマン (Hermann)	1847年8月30日生― 1902年10月10日没（55歳）
母：パウリーネ (Pauline)	1858年2月8日生― 1920年2月20日没（62歳）
アルベルト (Albert)	1879年3月14日生― 1955年4月18日没(76歳)
妹：マヤ (Maria "Maja")	1881年11月18日生― 1951年6月25日没（69歳）

子供時代のアインシュタイン一家

アインシュタインの父親**ヘルマン***は、ミュンヘンに移った当初、**電気機器などをつくる小さな会社***を経営していた。ただし、彼は技術に詳しかったわけではなく、実業家として組織の運営面などを担当し、製品開発や生産の責任者は弟のヤコブが務めている。そんなことから、多くの資料では「優秀な技術者だった叔父のヤコブが少年時代のアインシュタインに自然科学の楽しさを教えた」といった役割分担をしたがるのだが、ヘルマンも若いころには数学を目指した秀才であり、家計の事情でそれをあきらめて商人への道に進んだという背景があるから、けっして科学オンチというわけではなかった。後述するように5歳のアインシュタインに方位磁石を与えたのも彼であり、そのことが物理学を志向するきっかけになったのだから、けっこう重要な役目を果たしている。

母パウリーネは、当時としてはめずらしく、きちんと教育を受けていた女性で、特に音楽の才能があり、**難曲が多いベートーベンのピアノソナタ***なども上手に弾きこなしたという。このためアインシュタイン少年にも早くからバイオリンとピアノを習わせ、楽器演奏は人生を通して博士の趣味となる。

ただし、「早熟な天才であるアインシュタインはバイオリンもすぐに弾けるようになり、腕前はプロ級でした」と多才ぶりを強調しようとする資料の記述は、ちょっと怪しい。実際に演奏を聞いた人の証言を集めてみると、「趣味としてはこんなもの」といったレベルを超えることはなかったそうで、バイオリンを弾くことは好きだったものの、根を詰めて**練習を繰り返す***ほど熱心ではなかったようだ。

妹マヤ（マリア）は2歳8カ月離れている。内向的であまり外に出かけたがらなかったアインシュタイン少年にとっては一番の遊び相手だったようで、仲良く手をつないで撮影された写真も残っているのだが、実態はよくわからない。一説によるとアインシュタインはけっこう癇癪もちだったらしく、いきなりキレて幼い妹に手を挙げることもあったといわれるからだ。ひどいときにはボウリングの球を頭に向けて投げつけたこともあったそうで（なぜ、そんなものが家にあったのか?）、このため、後にマヤは「天才の妹でいるには頑丈な頭蓋骨が必要だ」と話していたという。

さまざまな資料によると、マヤは非常に聡明な女性だったようで、ドイツ、イタリア、スイス、フランスで学業を修めたうえ、最終学歴は**ベルン大学***卒業と立派なものだ。その後、家族ぐるみで交流のあったヴィンテラー家（後述）の息子パウルと結婚し、スイスとイタリアで暮らすものの、ムッソリーニ政権による反ユダヤ政策を恐れて１９３９年にアメリカに移住する。その後は6年前にドイツから亡命していた**兄との交流***が続き、アインシュタインより4年早く、プリンストンで亡くなっている。

こうやって並べてみると、アインシュタインの生家はそれなりに知的志向が強く、勉強や学習を重んじる環境にあったと思う。

一方で、アインシュタインの家系をたどっていくと、記録に残っている16～17世紀以降では知識人や教養人として成功した人はまったくいない。なので、彼は科学者になることを運命づけられていたわけではないし、そもそも、子供時代はそんな職業があることすら強く意識しなかったはずだ。そう考えていくと、よく言われるように、人はやはり「氏より育ち」なのだろう。

世間的にはアインシュタインは不世出の天才のように扱われているものの、いろいろ調べていくと、ひらめきよりも努力の人であったことがわかる。一生懸命勉強した成果が後の評価につながっていったのであって、相対性理論にしても、いきなり思いついたわけではない。10年間近く、考えに考え抜いて、ようやく出した結論なのだから、実はけっこう手間も時間もかかっているのである。

Deep View

＊ヘルマン

出身はヴュルテンベルクであり、隣接するバイエルンとは少し違うシュヴァーベン文化のもとで育ったが（バイエルンほど粗野でも陽気でもないといわれる）、ミュンヘン時代の彼は「ビールとソーセージをこよなく愛し、休日に家族で行くピクニックが何より楽しみ」といった典型的なバイエルン人の生活を送っていたという。

＊電気機器などをつくる小さな会社

実は資料によってまちまちで、電気化学の工場とか（電池の生産？）、電気工事の会社など業種だけでもいくつも説がある。また会社の規模や経営形態についても、もともとヤコブが始めていた事業をウルムで職を失ったヘルマンが手伝うことになったと書く資料があれば、小さな工場どころか従業員300人規模の会社だったとしている資料もあり、はっきりしない。なので、ここでは曖昧な表現に留めた。

＊難曲が多いベートーベンのピアノソナタ

ピアノソナタは32番まであり、21番以降はかなり難易度が高い。
http://think-think.seesaa.net/article/414194479.html

＊練習を繰り返す

アインシュタインは同じことを反復して覚えていくといった作業が嫌いだったため、記憶に頼る学問もあまり得意ではなかった。

＊ベルン大学

スイス国内では名門のひとつで、アインシュタインが初めて大学講師に就任した学校としても知られている。

＊兄との交流

アインシュタインは年を重ねるごとにどんどん丸く「いい人」になっていったので、最後、妹が入院してからは毎日のように病院に通い、本を読み聞かすなどしていたという。

■エジソンとアインシュタインをつなぐ線

父ヘルマンがミュンヘンで工場を始めたころ、とてつもなく大きなビジネスチャンスがやってきた。

おもしろい偶然なのだが、アインシュタインが生まれた年にアメリカではトーマス・エジソンが実用的な白熱電球の開発に成功している。そして、この発明品を普及させるため、エジソンは大型の発電機と送電網による世界初の本格的な電力供給システムを大々的に売り出そうと、準備を始めていた。

1882年、ニューヨークに世界初の実用的な発電所が誕生し、周辺の街灯がいっせいに輝くと、人々は電気が自由に利用できることの幸せに気づく。暗かった夜が明るくなって昼間に近い生活が送れるだけでなく、他にもさまざまな電気機器を使えれば世の中はかなり便利になるはずだ。もちろん、その評判はすぐにヨーロッパにも伝わり、「第二次産業革命」とも呼べる電力化の波が押し寄せてくる。

ヘルマンの工場でも時流に乗り、送電システムの販売に乗り出す。ヤコブが開発した直流発電機はなかなかの性能を発揮したようで、事業は順調に拡大していった……と思う。

このあたり、実は資料にあまりはっきりした記述がなく、「ヘルマンは経営の才能に欠けていたためビジネスは常に浮き沈みを繰り返していた」とするものも多いのだが、当時、ヨーロッパでも急激に電力化が進んでいたことを考えると、発電機まで自社開発できた会社であれば、それなりに儲かったはずだ。

その証拠は、妹のマヤと一緒に撮られた子供のころのアインシュタインの写真である。1886年、7歳のときに撮影されたとされる1枚では、幼い2人は、まるで貴族のような立派な服を着せられ、カメラの前でポーズをとっている。それだけでも生活に余裕があるこ

妹のマヤと

とはわかるのだが、それ以前に、フィルムではなく感光剤を塗ったガラス板で写真を撮っていた時代、撮影料は現在の金額で10万円くらいはかかっていたそうだから、それなりに裕福な家庭でしか**あんな写真***は残せないはずだ。

また、貧富による格差が今よりずっと大きかった時代、もし家計が火の車だったら、子供たちをちゃんとした学校に進ませようとは考えない。しかし、アインシュタイン家では兄と妹両方に大学への進学を前提とした教育を受けさせている。**時代を考えれば、かなりの幸運***といえるだろう。

上の学校に行けなければ学者への道はなく、当然、相対性理論も生まれなかったわけで、その端緒をエジソンの発明品が開いたかもしれないというのは、歴史を彩るちょっとしたエピソードだと思う。もっとも、その後のアインシュタイン家の波瀾万丈もエジソンの人生と重なってくるのだから、このあたりは二重におもしろい。

エジソンが開発した電力供給システムは直流方式を採用していた。そもそも交流という概念がまだなく、電球やモーターなど当時の電気機器はすべて電池による直流を前提につくられていたのだから、エジソンにとって他の選択肢はなかった。その後、ニコラ・テスラというセルビア人の電気工学者が直流発電機の弱点を見抜き、「交流方式にしたほうが電力を無駄なく取り出せる」と気づいたのが最初で、以降、各地で交流システムの研究が進み、「交流と直流、どっちがいいのか?」といった論争が続いていく。

結論からいえば、送電網を構築するのに有利なのは交流なので、今はその方式に統一されているのだが、先に走り出してしまったエジソンには後ろを振り返る余裕はなかった。彼の直流送電システムは低い電圧のため発電所から800メートルぐらいまでしか電力を供給できず、まったく実用的ではなかったにもかかわらず、方針を変えられなかったのは、やはり発明王としての自分を過信したからだろう。

1893年、ナイヤガラの滝を利用した大規模な発電所に交流システムの採用が決まると、交流対直流の「電流戦争」は決着を迎える。エジソンは人生初の大きな挫折を味わい、以降、下り坂の人生を送ることになるし、直流による電力システムのビジネスは世界的にも収縮していくのである。


アインシュタインの一家に話を戻すと、ヘルマンもヤコブもエジソンに似て頑固なところがあったのか、交流システムに乗り換えたといった話は出てこない。せっかく発電機まで開発していながら、徐々に競合会社に仕事を奪われていったのは、やはり直流にこだわり過ぎて市場を失っていったのだろう。そして、1894年、アインシュタインが15歳のときに会社はいよいよピンチを迎える。

このあたりの事情はよくわからないのだが、経営が苦しくなってきたのだとしたら新たなビジネス分野を開拓していけばいいのに（本来、企業とはそういうものだ）、彼らはなぜか「イタリアなら、まだ商売が続けられるはず」と考え、一家でミラノに移住してしまう。妻パウリーネの裕福な親戚がイタリアにいて、いろいろ手助けしてくれたようだが、それでも、その後もけっこう苦しい生活が続くのだから、やはりヘルマンの経営センスには問題があったのだろう。そして、鳴かず飛ばずの状態のまま、彼は8年後には亡くなってしまう。

突然のイタリアへの移住は、当然、アインシュタインの人生にとっても大きな事件だった。後述するように、学校の関係で1人だけミュンヘンに残されるものの、すぐに耐えられなくなってドイツを脱出してしまう。しかしそのことが彼の運命を一気に好転させることになるのだから、人生は不思議だ。

もしヘルマンの事業がずっと順調でミュンヘンに住み続けていたら、ドイツ風の画一的な教育に馴染めなかったアインシュタイン少年は学問への興味を失ってしまっていたかもしれないし、その後のナチス政権のユダヤ人弾圧によってどんな運命になっていたかもわからない。そう考えると、ヘルマンが優秀な経営者でなかったこと（そしてエジソンが直流システムで失敗したこと）が、未来への扉を開いたのである。

Deep View

＊あんな写真

1893年のアインシュタインが14歳のときにも、同じように正装して兄妹並んだ写真を撮影している（以下のサイトで確認できる）。

https://en.wikipedia.org/wiki/Einstein_family

＊時代を考えれば、かなりの幸運

このころのドイツの大学進学率がどのくらいなのか資料がないのでわからないが、日本の明治時代は1パーセント以下だったので、同じくらいだとすれば、学者の家系でもないアインシュタインが大学に行けたのは奇跡に近い幸運だったことがわかる。

＊イタリアなら、まだ商売が続けられる

日本ではイタリアは「ファッションでも有名な時代の最先端をいく国」といったイメージが強いが、ヨーロッパの先進国（ドイツやフランス、イギリスなど）では「脳天気な国民の住むちょっと遅れた国」だと思われており、実際、インフラ整備などはいつも遅かったから、ヘルマンたちが新天地だと考えた理由はわからないではない。

＊けっこう苦しい生活が続く

イタリアに移ってからは電灯の敷設工事や水力発電所の建設工事などの仕事をしていたらしいが、終始、経営は厳しく、このためアインシュタインへの学費や生活費の送金もパウリーネの親戚に頼っていたほどだった。

■話し始めたのはいつのことだったのか？

　ここからは時計の針を再びアインシュタインが生まれた１８７９年に戻し、彼の人生を追っていきたい。

　本書の冒頭でアインシュタインの子供時代に関する情報は極めて少ないと書いた。多くの資料を整理していくと、出てくるのはこのくらいだ。

【小学校に入るまでのアインシュタイン】

・言葉を話し始めるのが遅かった。
・内向的な性格であまり外に行きたがらなかったし、友達もほとんどいなかった。
・疑問があると何でも大人に質問する癖があった。
・形式張ったものがあまり好きではなかった。
・方位磁石に夢中になった。

　もちろん、どれも真実かどうかはわからない。なぜなら、具体的な証拠となるようなエピソードはほとんどなく、伝聞ベースの話でしかないからだ。

それでも貴重な情報ではあるので、多くの伝記ではこれらの「点」を独自の「線」でつなぎ、天才少年の成長期に仕立て上げていく。もちろん、その段階でさまざまな拡大解釈が行われていくから、ますます怪しくなっていくのはいうまでもない。

たとえば、よくあるのは、こんなストーリーだ。

「アインシュタインは言葉を話すのが遅かった発達障害の疑いのある子供ではあったものの、疑問をそのままにせず解明しようとする学究肌のところがあった。他人とはあまり交わろうとはしなかったが、それは、みんなと同じように既存の常識に囚われるのが嫌だったからで、そんなところに、独自の道を進もうとする孤高の天才の片鱗が表れているのである」

こうやって「あらすじ」ができあがれば、あとはシーンごとのエピソードを膨らませていくことで、よくある偉人像ができあがる。前著『大人が読みたいエジソンの話　発明王にはネタ本があった!?』では伝記本の主人公に欠かせない三大要素として「孤高の天才」「生い立ちはかなり個性的」「超人的な行動力」を挙げたが、最後を「超人的な思考力」に換えればアインシュタインらしい物語になる。

しかし、本書ではこういった「お約束の展開」にはしたくないので、子供時代の情報についても、できる限り検証していきたい。まずは「言葉を話し始めるのが遅かった」という話を考えていこう。

この情報はアインシュタインに関する多くの資料で言及しているものの、年齢はけっこうバラバラで、早いものでは2歳、遅いものでは4歳あたりからと、データとしてはあまり安定していない。なかには「(話すのが遅れただけでなく)9歳になっても、適切な言葉を使って文章をつくることができなかった」と補足する本もあり、アインシュタインの「発達の遅れ」を強調したがる人が多いようだ。もちろん、その可能性は否定しないが、もう少し科学的な分析をしてから結論を出しても遅くはないだろう。

厚生労働省の乳幼児身体発育調査報告書*によると、早い子だと生後7〜8カ月で単語を口にするようになり、1歳7カ月ごろにはほとんどの赤ちゃんが喋るようになるという。そう考えると、アインシュタインの成長はたしかに遅く、偉人伝によくある規格外の子供になってしまう。

そこで、もう一度、「話し始めるのが遅かった」というエピソードの出所を調べていくと、最終的にたどり着くのはアインシュタイン本人の証言だ。たとえば、彼の伝記を書くため取材に訪れたカール・ゼーリッヒという人物に対して、こう答えている。

「私は話しはじめるのがかなり遅く、両親は心配した。医者にも相談したようだ。そのとき私が何歳だったかはわからないが、三歳以下でなかったことはたしかだ」（『アインシュタイン　天才が歩んだ愛すべき人生』）

当人がそう言っているのだからまちがいないはずだ……と決めつけるのは早計である。この手の流れでは、本人の証言こそ最初に疑わなければならないからだ。

これは自分自身について考えてみればわかる。過去について語るとき、１００パーセント正確に話す人など、まずいないはずだろう。相当な正直者でも10パーセントや20パーセントは**話を膨らませる**[*]。特に「仕事で評価された話」や「異性とうまくいった話」などはたいてい増量してあるものだ。証拠となる事実が広く知られていなければ、人間、ちょっとぐらい嘘をつく。だから、「本人の証言」はリアルな情報ではなく、ロマンとかファンタジーの一種だと考えたほうが惑わされないで済む。

したがって、アインシュタイン本人がそう言っていたからといって、「言葉を話し始めるのが遅かった」という証拠にはならない。しかも、彼がこの取材を受けたのは75歳のときのことだ（亡くなる前年）。常識的に考えて、70代の人が語る赤ちゃん時代の記憶がそれほど正確とは思えない。

アインシュタインがもっと若いときに同じことを話していたとしても結論は同じことだ。

なぜなら、そもそも「言葉を話し始めた時期」とはいつのことを指すのか、はっきりしないからである（つまり恣意的に拡大解釈できる）。

赤ちゃんが初めて口にする言葉とは、日本語でいえば**「まんま[*]（ごはん）」とか「ママ」とか**いった簡単なもので、まだ体系だった言語ではない。これが一般的な「話し始めた」の基準であるなら、そのレベルはかなり低いことがわかるだろう。

これに対し、子供時代のアインシュタインにおける「話し始めた」は、もっと高度な言葉を口にしたタイミングについて語っているように思える。読者が幼少の天才科学者に期待するのは主語と述語がはっきりした明確な表現であり、そうだとすれば、その時期が3歳を過ぎていたとしても「規格外に遅れていた」とまでは言い切れないのである。

ここにひとり、貴重な証言者がいる。それは妹のマヤだ。彼女によると、子供時代の兄は何か口にする前にいったん考え、ときには独り言のように、一回、小さな声で呟いてから改めて話し始めることが多かったという。

これがどういう性格によるものなのかわからないが、ただ、後に理論物理学という頭の中だけで思索を重ねていく学問の分野に進んだことを考えると、アインシュタインはかなり早い時期から「何事も、まずじっくり考えてから」という癖があったものと思われる。そうなると、「話し始めるのが遅かった」という観察結果が事実だったとしても、それは発達の遅れといった特殊な事情ではなく、単なる個性であることがわかる（むしろ、知能は発達している）。

ところで、先ほどアインシュタインのコメントを引用した『アインシュタイン 天才が歩んだ愛すべき人生』という本には、そのあとにこんな話が紹介されており、思わず笑ってしまった。

それによると、母方の祖母イェッテはアインシュタインが2歳3カ月になったころに彼の家を訪れているのだが、そのときの様子を書いた**手紙**＊**が残っており**、こう綴られている。

「とてもいい子で、かわいらしく、自分のおかしな発想を何度も話した」

なんだ、ちゃんと喋っているじゃないか！　しかも、大人が「おかしな発想」と感心するぐらいにストーリー性のある話をしているし、「何度も」というあたりは、むしろ、お喋り好きな子供であったことが窺える。

実をいえば、最初に紹介した子供時代の話のうち、「言葉を話し始めるのが遅かった」と「疑問があると何でも大人に質問する癖があった」とのあいだには矛盾がある。つまり、数少ない貴重な情報ですら、すでに体系的には破綻しているのだから、このあたりさらっと流し、「生まれてしばらくは、よくある普通の子供だった」でいいのではないかと思っているのだが、どうだろうか？

Deep View

＊厚生労働省の乳幼児身体発育調査報告書
平成22年（2010年）にまとめられたもので、一般の人や病院関係者など12426人に対して行った調査に基づいている。
http://www.mhlw.go.jp/stf/houdou/2r98520000001t3so-att/2r98520000001t7dg.pdf

＊話を膨らませる。
その典型が、よくある「俺も昔はワルだった」というやつで、親や先生の言いつけをよく守る子であっても武勇伝のひとつやふたつは創作されてしまうものだ。

＊「まんま（ごはん）」とか「ママ」とか
それまでの「あー」や「うー」などの喃語《なんご》（言葉にならない発声）が少し進化しただけで、まだ文法には則っていない。

＊手紙が残っており
話を膨らませたり、嘘を言う必要もない他人の直近の観察結果が手紙という証拠で残されているのだとしたら、どう考えても「70年後の本人の思い出話」より信憑性がある。

ぺらぺら
ぺらぺらぺら
ぺらぺらぺら
ぺらぺら
?
?

■方位磁石への興味が物理学者への第一歩

数少ない子供時代のエピソードの中で、後の物理学者として活躍を予感させる出来事は、父親からもらった方位磁石（羅針盤）に関する話だけだ。アインシュタイン本人がインタビューなどに答えて何度も話しているので、事実であることはまちがいないと思うのだが（さすがに、こんな具体的な嘘はつかないだろう）、詳細まではわかっていないので、ここでは伝わっている情報に類推を加えて再現してみる。

アインシュタインが5歳のとき、ヘルマンが小さな方位磁石を買い与えた。まだ幼い息子へのプレゼントとしてはかなり変わっているが、おそらく、ありふれたおもちゃで喜ぶような子供ではなかったのだろう。実際、エピソードを追ってみても**「子供らしい」***遊び**をしたという記録はほとんどなく、要するに、あまり可愛げがないガキだったようだ（笑）。それでも、さすがに父親だけは好みをわかっていたようで、最適な贈り物をチョイスしている。狙い通り、アインシュタイン少年は、すぐに方位磁石に食いついた。それどころか、飽きることなく、ずっと眺め続けている。

どんな方角に向けても磁針だけは北と南を指す方位磁石は、たいがいの子供なら興味を示

すはずだ。そして理由を大人に尋ねる。すると、「磁石にはN極とS極があり、違う極は引き合い、同じ極は反発しあうこと」「地球は全体が大きな磁石みたいなものだから、方位磁石は一方を指すこと」を教えられ、なんとなく納得してしまう。その前に棒磁石などで遊んだことがあれば理解は早いだろう。

普通の子供だったら話はここで終わる。他にもいろいろ遊びたいことはあるので、それ以上、派手な動きのない方位磁石になんかかまっていられない。それより外に出て虫でも追っていたほうが楽しい（今ならゲーム機か？）。

アインシュタインも磁針が一定の方角を示す理由を尋ねたらしい。しかし、説明を受けても、そこで興味を失うことはなかった。むしろ、もっと熱心に見つめ始める。

５歳のアインシュタインが考えていたのはこんなことだったらしい。

磁石と磁石がお互いに力を及ぼしあうことはわかった。また、地球が大きな磁石であるなら、磁針が一定の方角を示すのも理に適っている。しかし、その力はどうやって伝わってくるのだろう？

物を動かすとき、普通は手で触るといった直接的な接触があるはずなのに、磁石は遠く離れていても、さらに磁針がケースの中に納められていても、影響を及ぼしあってしまう。それがどういう力によるものなのか、わからなかった。

文章にすると堅くなってしまうが、子供なりの頭でそんな考えをしていたようだ。

後年、本人が語ったところによると、この「目に見えない力」について父親だけでなく、技師である叔父のヤコブにも尋ねたらしい。そのときの様子をこうコメントしている。

「彼はすぐ『未知なるものをXとして、それから、それが何だかわかるまで調べるんだよ』と、代数の基礎を教えてくれた。それからというもの、わからないものなら何でも、とりわけ磁気みたいなものについてはXと呼ぶようにしてきたんだ」（『アインシュタイン、神を語る』）

うーん、ここまで言ってしまうと、急に嘘っぽく聞こえるなあ。いくら「後の天才物理学者」だったとしても、5歳の子供がXという代数記号の概念を理解できたとは思えないので、このあたりは粉飾の疑いが濃い。

ただ、方位磁石を見て磁力の磁界の不思議に気づき、普通の子供より深い考察をしていたのは事実だと思うので、このあたりはアインシュタインという人物の個性を考えるときには重要だ。少なくとも、**１時間ほどで方位磁石に飽きてしまった***経験をもつ筆者よりは、理論物理学者に向いていたということだろう。

Deep View

＊「子供らしい」遊び

積み木は好きだったようだが、「アインシュタインは積み木をおもちゃというより数学のパズルのようにして遊んでいた。こんなところにも天才の片鱗が……」といった紹介をするのはどうなんだろう。もともと積み木というのは一種のパズルとして遊ぶものだと思うが。

＊１時間ほどで方位磁石に飽きてしまった

本当は10分ほどだったかもしれないが、多少、立派に見せたいので増量しました（笑）。

方位磁石の観測によって物理学に目覚めたアインシュタインだったが、翌年から始まる学校生活により、そんなことを考えている余裕はなくなっていく。

■小学校が悪いのか？　アインシュタインが悪いのか？

アインシュタインは家の近くにあったカトリック系の小学校に入学した。ドイツは宗教改革の立役者であるマルティン・ルターの出身地であることから（出生した1483年には神聖ローマ帝国）、プロテスタントが多い国だが、それでもカトリックとの比率は半々くらいで、特にミュンヘンのあるバイエルン州はローマ・カトリック教会の信徒が多くを占めている。したがって、親が息子の初等教育機関として地域の小学校を選んだとすれば普通はカトリック系になるわけで、このことにあまり意味はない。ユダヤ系の学校に強くこだわっていなかったヘルマンにとっては自然な選択だ。

通い始めてみると、クラスでユダヤ人はアインシュタインただ1人であり、そういう意味では自分が少数派であることを意識したかもしれないが、そのころのドイツではユダヤ人を特別視する風潮はあまりなかったので不愉快な思いをしたことはなかったようだ。それよりも、学校の定めた厳しい規律と、先生の命令には絶対服従といった雰囲気に馴染めず、徐々に校内でも浮いた存在になっていく。
よほど嫌だったのか、『アインシュタイン、神を語る』には、小学校に関する辛辣なコメントが紹介されている。

「学校は退屈きわまりなく、教師たちは誰もが下士官みたいだった。私は知りたいことを学びたかったのに、彼らは試験のための勉強をさせようとした。学校の競争システムと、とくにスポーツが大嫌いだった」

似たような話はあちこちでしているので、その情報しか知らない人はアインシュタインの肩をもってしまいがちだが、このあたりも、もう少し公平に判断する必要があるだろう。
そのころのドイツの事情を考えれば、プロイセン風の抑圧的な教育が行われていた可能性は十分にあるが、だからといって、それがすべて悪いわけではない。初等教育の主な目的はレベル0の子供たちに言語や計算、社会適応性などの基礎能力を身につけさせることであり、そのためには多少は軍隊的になってしまう。しかも、アインシュタインが小学校に通っていた時代であれば（1880年代後半、日本でいえば明治20年ごろ）、ドイツだけでなく、ほとんどの先進国において似たような教育をしていたはずだ。

「個々人の知識欲に個別に対応する」なんていうきめ細かい授業ができるのは、小学校でも高学年になってからで、ドイツの小学校は4年制だから、「知りたいことを学びたかった」という要望は上の学校で満たすべきである。それよりも、この時代にきちんと体育の時間まで設けていたのであれば、むしろカリキュラムは多様性に富んでいるほうだ。

そう考えていくと、アインシュタインの発言はかなり一方的だと思う。「後から考えたら嫌な学校だった」と言いがかりをつけているようなものであり、個人の感想としてはかまわないものの、学校の正当な評価とはいえない。

しかも、小学校時代のアインシュタインが校内で特に大きな問題を起こしたといった事実はみつからないので、意外と合わせるところは合わし、周囲ともうまくやっていたのではないかと思っている。

■自然科学への興味は家庭で醸成されていった

当時のドイツの学制では、6歳で**小学校***に入学し、4年間通ったあと、いくつかのコースに分かれて中等教育を受ける。多くの子供が職業教育を主に行う5〜6年制の学校に進むのに対し、アインシュタインの場合は**大学への進学を前提とした**8年制のギムナジウム*（州立学校）に進んだ。ところが、せっかく嫌いな小学校を脱けられたというのに、ギムナジウムもあまり楽しいところではなかった。

そのころのドイツでは、大学に進むようなエリートにはヨーロッパ文明のルーツである古代ギリシャとローマの文化についての教養が求められたので、ギムナジウムでは**ギリシャ語*****とラテン語の授業が必修**だった。しかも、ひたすら古典を読まされ、先生からの質問に機械的に答えていくだけの授業が続く。抑圧的な教育が嫌いな彼にとっては苦痛だったはずだ。

たしかにギリシャ語やラテン語の学習は大変だったと思うが（ラテン語だけは好きだったという説もあるが、はっきりしない）、ただ、そうだからといって「アインシュタインは歴史や文学にまったく興味を示さなかった」と考えるのは早計である。18〜19世紀のドイツの偉大な知識人たち、たとえば**哲学者*****のカントや文学者のゲーテとシラー**などには興味を示し、熱心に著書を読んでいたといわれているからだ。基本的に「真面目な子」なので、勉強はしっかりする。ただし、若干、バランスに欠け、自分の好きなことを優先したがる傾向は強かったということだろう。

ギムナジウムへの最大の不満は自然科学の勉強があまりできないことだった。卒業後に科学系や技術系の大学に進む生徒も大勢いたはずだから、理科系の授業もあったと思うのだが、この分野におけるアインシュタインの旺盛な知識欲を満足させるものではなかったようだ。

それでも、彼が数学や物理学への情熱を失わないで済んだのは、家庭環境によるものが大きい。叔父のヤコブは自然科学に関してかなり幅広い知識をもっていたようで、アインシュタインが小学校に通っていたころから、代数の勉強を個人的に教えていたという。

そしてもうひとり、マックス・タルムートという人物の存在も大きい。そのころのユダヤ人のコミュニティでは、週に1回、貧しい若者を家に招いて食事を共にする習慣があり、アインシュタイン家に通っていたのが、この医学生だった。

彼もまた知識に貪欲で、子供だったアインシュタインに同じものを感じたのか、自然科学系の本をいくつも与えて授業のようなことまでしていた。そのころの物理学の基礎であるニュートン力学について学んだのもこのころだ。アインシュタインが後に完成させる相対性理論がニュートンのまとめた物理学の理論を発展・発達させたものであることを考えると、そのきっかけをつくったのは、まさに彼なのである。

しかし、家庭で身につけた知識をさらに深いものにしようと学校の先生に質問してもまともに答えてくれないし、授業もつまらない。そんなこんなで、アインシュタインはギムナジウムに通うことが徐々に苦痛になっていった。

Deep View

＊小学校

正確には基礎学校と呼ばれる公立の初等学校で、今のドイツでも同じ学制となっている。義務教育なので誰でも入れるし、また卒業するのではなく、修了すると上部学校の5年生に編入するといったシステムになっている。

＊大学への進学を前提とした

日本やアメリカでは原則として進路によって学校をあまり細かく分けない単線型学校体系になっているが、ヨーロッパではエリートを育てる学校と職業教育校ではコースが厳密に分けられていることが多い（分岐型または複線型学校体系）。

＊ギリシャ語とラテン語の授業が必修

他のヨーロッパの国でもエリートを育成する中高等教育機関では同じようなもので、このため、戦前まではヨーロッパの大学に留学した日本人もラテン語の入学試験を突破しなければならないという厳しい課題があった。もっとも、日本でも古典中国語である漢文の教育が長く必須だったから、要するにそういう時代だったのである。

＊哲学者のカントや文学者のゲーテとシラー

イマヌエル・カント（1724〜1804）、ヨハン・ヴォルフガング・フォン・ゲーテ（1749〜1832）、フリードリヒ・フォン・シラー（1759〜1805）。

■ドイツを脱出して新天地スイスへ

1894年に家族がイタリアのミラノに移住したとき、学校に嫌気がさしていたアインシュタインも同行したかったのだが、ギムナジウムの卒業まであと2年という時期だったことから、父ヘルマンの判断によりミュンヘンにひとり残されることになる。

15歳の子供に家族と離れた生活を強いるのは厳しいように感じるかもしれないが、今の日本でもこういったケースはそこそこある。たとえば離島などに暮らしていて島内に高等学校がなければ進学のためには家を出なければならないし、学業やスポーツの**名*門校への入学を目的に**寮生活や下宿住まいを始める高校生もいる。なので、この出来事から「**父*親はアインシュタインを嫌っていた**のでドイツに残していった」と類推するのはかなり乱暴だ。

アインシュタインの場合はミュンヘンに彼を預かってくれる親戚がいたので、むしろ恵まれている。もちろん、いきなり家族を離れて寂しい思いはしただろうが、それでも大学に進めば大きな成功が約束されていた時代、ギムナジウムへの通学を続けさせたのは父親として正しい判断だったと思う。

ところが、そんな親心も空しく、アインシュタインはすぐに退学のための準備を始める。

理由は「学校に合わなかった」というよりも、兵役を避けるためではないかといわれている。

そのころのドイツでは16歳前後で徴兵され、兵役を終えないと国外に出ることはできなかった。したがって、ギムナジウムに残っているといつかそういう事態になり、しかも富国強兵に突き進む現状を考えれば戦地に赴かなければならない可能性もある。ここも平和主義というよりは極めて個人主義的な思いで、彼は画策を始めたようだ。

まず、かかりつけの医師のところに行き、健康上の問題で兵役を逃れられないか相談する。すると、幸いにも家族と離れて不安定になっていたアインシュタインの精神状態を心配した医者が「静養の必要がある」とした診断書をつくってくれた。それさえあれば、退学も国外への脱出も認められる。彼は意気揚々とイタリアに向かい、そこで半年ほど、のんびり過ごすのである。

もちろん、父親は心配し、他の学校に入れようと考える。しかしイタリアにはあまりいい***工科系の大学**がなかったのか、スイスの学校が選ばれた。こうして、アインシュタインはわずか16歳で***チューリッヒ工科大学**を受験することになるのである。

ギムナジウムも卒業していない学生がどういう手続きを踏んだら大学の受験資格を得られるのか、他の資料ではちゃんと説明してくれないので筆者なりに調べてみた。すると、今の入学規定に「これでは？」と思える制度があるので、準じたものが当時もあったとして話を進める。

チューリッヒ工科大学では留学生に対して簡略入学試験と総合入学試験という2つの選考方法を用意している。前者は高校卒業などの資格を必要とする普通の入学試験のようなものらしいが、後者は学歴がなくても受けることができるそうなので、おそらく、日本の大学入学資格検定（大検）のような複数科目一発受験型の試験なのだと思う。となれば、中退者のアインシュタインが選べるのはこっちしかない。

ドイツ語圏の中心地であるチューリッヒで1855年に創設された科学技術系の大学は、今でも*** 国際的な評価の高い名門校**だ。したがって、もしここに入学することができれば、アインシュタインの人生は大きく好転するはずだった。ところが、宝くじのような一発逆転の夢は簡単には成就しないもので、彼は不合格になってしまう。ギムナジウムでも偏った勉強しかしてこなかったので、幅広い知識が求められる「総合入学試験」は無理だったのだろう。ただし、数学などいくつかの科目は抜群の成績だったようで、それを惜しんだ**大学の関係者**＊によってチューリッヒに近いアーラウという町の州立学校の上級に編入することを勧められる。このころは大学を受験する人が少なかったので、このような個別対応がなされていたようだ。

スイスの州立学校もギムナジウムに分類され、ここでちゃんと授業を受けて単位を取れば、その科目は入学試験から免除されたらしい（これが簡略入学試験？）。慣れない土地で勉強を始めなければいけないアインシュタインにとってはそれでも大変だったと思うが、州立学校には1年通っただけで、翌年、無事に大学に入れたのだから、頭のいい学生だったのはたしかだったようだ。

なお、アーラウ時代の暮らしはアインシュタインの人生にとって大きな転換期になる重要なものだったので、コラムにまとめておいた。

前述したように、チューリッヒ工科大学に入学した年、アインシュタインはドイツ国籍を放棄している。これで**兵役から完全に逃れることができた**＊。

しかしスイス国籍がすぐに取れたわけではなく、5年にわたり無国籍状態となる。この間、当然ながら国家による保護が受けられなくなるだけでなく、就職なども不利だ（後年、大学を出てもなかなか就職できなかった理由のひとつがここにあったといわれている）。それほどのリスクを負っても**兵隊には行きたくなかった***のだろう。

こうやって見ていくと、17歳までのアインシュタインの人生は、あまりかっこいいものではない。「何かがしたい」と前向きに挑むのではなく、「何かがしたくない」といった後ろ向きの逃亡精神で行動しており、人生のビジョンのようなものはまったく感じられない。そんな、ふらふらした状態は、もうしばらく続く。

Deep View

＊名門校への入学を目的に

寮生活が原則の宝塚音楽学校だって15歳から入学できるが、それを「親と切り離されてかわいそう」とは思わないだろう。

＊父親はアインシュタインを嫌っていた

この「情報」はちょいちょい出てくるのだが、根拠となるエピソードはみつからない。おそらく、アインシュタインを型破りの人物に見せたいために創作された話だと思われる（偉人は父親と仲が悪かったことにされがちで、そこを乗り越えていくストーリーに仕立て上げたいらしい）。

＊工科系の大学

ヘルマンは息子に電気工学を学ばせ、自分の事業を継がせようと考えていたようだ。

＊チューリッヒ工科大学

便宜上、こう書くことが多いが、正式にはスイス連邦工科大学チューリッヒ校であり、フランス語圏にあるローザンヌ校と姉妹校の関係にある。校名に「工科」とあるが、工学系だけでなく、数学や自然科学などを学べる学科も設けられている。

＊国際的な評価の高い名門校
アインシュタインを含め21人のノーベル賞受賞者を輩出している。

＊大学の関係者
学長だと書く資料もあるのだが、確証がなかったのであいまいな表現に留めた。

＊兵役から完全に逃れることができた
スイスにも徴兵制度はあり、国籍を取得したら義務が生じるのだが、アインシュタインは健康検査で静脈瘤があることと扁平足であることが判明し、免除になっている。

＊兵隊には行きたくなかった
今の感覚ではアインシュタインに同調する人が多いだろうが、このころは志願して兵隊になる人も多かったし（職業として安定していたので）、自分の子供を進んで兵役に出す親もいたので、アインシュタインのような人物のほうがめずらしかったようだ。しかし、第一次大戦で近代兵器が次々と導入され、「戦争＝多数の死者」となったことで初めて庶民のあいだにも厭戦感が広まっていくのである。

column

夫人のパウリーネも、やさしい女性で料理上手だったため、アインシュタインはまるで母親のように慕っていたらしい（名前も同じだし）。

子供は３人の娘と１人の息子がいたとされる。長女のマリーは少し年上だったが、アインシュタインにとっては初恋の相手だ。それまであまり女性と接したことがなかっただけに、一緒にピアノを弾いたりしているうちに、すっかり惚れ込んでしまった。そして２人は恋仲になっていくのだが、その後の展開はかなり悲惨だ。後述するように大学で別の女性に気が移ってしまったアインシュタインはマリーに急に冷たくなり、２人は激しいやりとりをする。結局、別れるものの、その後、アインシュタインは「やっぱり君のほうがよかった」といった内容の手紙をマリーに送っており、これを含めて女性問題では、終始、はっきりしない言動が目立つのである。

アインシュタインがアーラウにいたのは１年だけで、大学に進むとチューリッヒで独り暮らしを始める。しかし、その後もヴィントラー家とは家族ぐるみのつきあいが続いたようで（マリーとのドロドロ時代は彼女を避けながら交流していたらしい）、娘のひとりアンナはアインシュタインの親友と結婚しているし、息子のパウルはアインシュタインの妹マヤの旦那だ。それまで人づきあいの悪かった彼にとって、このように広い人脈を築けたのは、画期的な出来事である。

それどころか、アインシュタインが科学者になるきっかけも、ヴィンテラー家にあったのではないかといわれている。

ヨストは職業上の専門以外にも幅広い知識をもち、なかでも鳥類については学者並みに詳しかったという。つまり、さまざまな研究を行う学究肌の人間だったようで、このことがアインシュタインに与えた影響は大きい。

脚色された伝記では、「アインシュタインは小さいころから自然科学に興味をもち、さまざまな研

column

アインシュタインの人生を決めたアーラウ

アーラウはチューリッヒから西に35キロメートルほど離れたアールガウ州の州都だ。といっても、現在でも人口1万5000人ほどの小さな町なので、ドイツ南部を代表する大都市ミュンヘンから来たアインシュタインにとっては、のどかな楽園のように感じただろう。彼は何事もマイペースであるうえ、1日10時間以上も寝るような「のんびり屋」だったので、こういった田舎町のほうが合っていたからだ。

また、入学した州立学校も居心地がよかった。最初はドイツのギムナジウムと同じような厳しい教育をするのではないかと警戒していたアインシュタインも、通ううちにスイス流の個人主義を尊重する校風に馴染み、すっかり気に入ってしまう。ただし、まだ内向的な人見知りの傾向は残っていたので、[*]**あまり友人はできなかった**そうだ。それでも、後年まで文句を言い続けていたミュンヘンの学校に比べれば天国であり、そんな環境の中で学べたからこそ、1年で大学に入ることができたのだろう。

そして、アインシュタインがこの町を好きになったもっとも大きな理由が、下宿先だったヴィンテラー（Winteler）家にある。

一家の主であるヨスト・ヴィンテラーはアインシュタインが通う州立学校の教師で、ギリシャ語や歴史などを教えていたらしい。しかし先生にありがちな堅苦しいところはなく、自由な発想をするリベラルな人物だった。このため、ドイツの全体主義を嫌っていたアインシュタインとは話が合い、よき理解者になる。2人は夕食後などに遅くまで話すことも多く、若いアインシュタインは多大な影響を受けたようだ。

column

究を続けてきたのです」といった生まれついての学者キャラを描きがちだが、実際にはまったく違ったようだ。ミュンヘン時代の彼は、とりわけ熱心に科学を学ぼうという姿勢はみられず、「古典や歴史などの嫌いな科目よりも、まだ、多少は興味のある科学のほうがいい」といった程度。つまり、積極的な科学志向ではなく、嫌なものから遠ざかりたいだけの逃避願望だ。大学についても、父親に言われているから行かなければいけないが、「卒業したら、すぐに実務的な仕事に就いて働こう」と考える現実的な人間だった。

ところがヨストに出会い、生涯を通して知識の習得に勤しむ人生を目の当たりにしたことで、アインシュタインの中で何かが目覚めてくる。もしかすると、方位磁石に興味をもったときの純粋な科学への興味を思い出したのかもしれない。

そんな意識の変化が短期間での大学への進学に結びつき、チューリッヒ工科大学で思考実験に目覚めていくことで歴史に残る相対性理論へとつながっていく。まさに環境は人を育て、運命をも大きく左右していくのである。

＊あまり友人はできなかった

このあたりは異説もあって、「多くの親しい友人を得ることができた」（『アインシュタイン伝』）と書く資料がある一方、「ドイツ時代の協調性のない学生生活」「初めての異国（同じドイツ語圏でも通じにくい）」「たった１年間の在学」といった要素を考えれば、それほど多くの友人を得られたとは考えにくいのだが、どうだろうか？

第2章

相対性理論への道

光への興味から始まった

スイスで生活するようになってからも、アインシュタインは休暇のたびにミラノに戻り、家族と一緒に過ごしていた。また地中海沿いのジェノバにも親戚がいたので、そこまで足を伸ばすことも多かったという。ヨーロッパでは徐々に鉄道網が整備されてきており、こういった**旅が気軽にできるように**[*]なったのだろう。

ところで、アインシュタインが、いつ、相対性理論につながる発想をしたのかという点に関して、多くの資料では「まだ物理学を志す前に光についていろいろ思いを巡らすようになったことがきっかけになった」と説明している。ただ、その時期はあまりはっきりしない。そこで、筆者なりに想像を巡らしてみたところ、このジェノバ行きが大きく関係しているような気がしてきた。

ヨーロッパの地形を概説すると、フランス東部からスイス／イタリア北部、ドイツ南部／オーストリアへとアルプス山脈が横断しており、その北と南とでは気候も風景も大きく異なる。ミュンヘンにしろ、チューリッヒにしろ、アルプスの北では太陽光は山を越えてしか届かないので、上空は明るくても地面や水面はどちらかといえば暗く、落ち着いた色合いだ。これに対して、アルプスの南は広い角度から直射光が届くだけでなく、地中海沿いのエリアでは海面からの反射光も加わるので町全体がきらきらしたように感じる。しかも、ヨーロッパのような大陸では「北」の人はそうそう「南」には行かないので（今のように自由に旅行

ができない時代にはなおさらだ）、南欧に初めて足を踏み入れた北欧の人があまりに強烈な光に驚き、**衝撃を受けたといった記録**＊がいくつか残されている。

若きアインシュタインにとってもジェノバの明るい光景は強い印象を与えてくれたはずだ。それまで見たことのない量の光が周囲に溢れ、イタリアらしい彩りのある町を包んでいく。まさに光のハーモニーであり、感受性の強い年代だったことを考え合わせると、感動は相当に大きかったと思う。

ただしそこで「きれいな景色だなあ」とセンチメンタルに浸るのではなく、冷静に物理学的な考察を始めたのだとしたら、やっぱり彼は天才だったのだろう。そんなわけで、多少、強引な解釈ではあるものの、本書では「相対性理論の発祥の地はジェノバ」説を主張したい。

Deep View

＊旅が気軽にできるように

移動手段が徒歩か馬しかなかった時代には長い旅ができるのは特別な人に限られており、学生が簡単に国外旅行などできなかったはずだ（ミラノ～ジェノバ間だけでも約150キロメートルあり、徒歩だったら5日間ぐらいかかる）。したがって、アインシュタインがもっと前の時代に生まれていたらジェノバには行けず、光について思いを巡らせることもなかったのかもしれない。

＊衝撃を受けたといった記録

イギリスの風景画家ウィリアム・ターナー（1775～1851）は44歳のときに念願のイタリアを旅するのだが、出身地のロンドンでは考えられないほどの強い光に驚き、露出オーバーの写真のような真っ白な作品をいくつか残している。母国では写実主義に基づき深く濃い緑に埋められた絵ばかり描いていたので、かなり異質だ。それでもスケッチを続けていくうちに目が慣れてきたのか、徐々に普通の絵に戻っていくところも見どころ。

■大学で出会った友人、そして恋人

１８９６年９月、アインシュタインはチューリッヒ工科大学の数学と物理学の教師を養成する学科に入学する。まだ大学が「選ばれた人の教育機関」だった時代、同じ専攻の学生は５人しかいなかった。そのうちのひとりが**マルセル・グロスマン***で、アインシュタインにとっては初めて親友と呼べる相手になる。

クラスメイトの中で唯一の女性がミレヴァ・マリッチだ。彼女はセルビア人だが、そのころはセルビア人の居住地域の多くが**オーストリア＝ハンガリー帝国の領内にあった***ため、主にそこで育っている。つまり、「女性」「被支配地域出身」「地域外の民族」というハードルを乗り越えてスイスの名門大学に通っていたのだから、**優秀な学生だった***のはまちがいないだろう。

アインシュタインより４歳年上だったが、民族的に少数派として過ごしてきた身の上に重なるところがあったせいか、２人はすぐに意気投合して親しくなる。それどころか、アインシュタインはやがて彼女に恋愛感情をもつようになり、そのことが前述したヴィンテラー家の長女マリーとの三角関係につながっていくのだが、このあたりの**スキャンダラスな事情***には深入りしない。それより、アインシュタインを語るうえでもっと重要な「相対性理論へとつながる道」の解説をしよう。

チューリッヒ工科大学は勉強をする環境としては恵まれていたようで、アインシュタインは数学と物理学を本格的に学んでいく。特に数学の教授には優秀な人物が多かったのか、後年、彼らとの出会いに感謝の言葉を残しているほどだ。

しかし、興味の対象が徐々に物理学のほうに偏ってくると、大部分の時間を実験室で過ごすようになる。このころのアインシュタインは思索だけの理論物理学に専念できるほどの知識も経験もなかったので、試験で得られたデータを元に研究する実験物理学のほうに寄っていたようだ。在学中、熱心に取り組んでいたテーマに細い管の中で液体が上昇（あるいは下降）する毛細管現象があり、1901年に書いた最初の論文（博士論文）もそれに関するものだった。

実験をしている以外は、自宅で**ヘルムホルツ**[*]、**キルヒホッフ**、**マクスウェル**、**ボルツマン**、**ヘルツ**といった、そのころ最先端だった物理学者たちの本を読み、新しい知識を蓄えていく。評価の定まった「古い知識」しか教えてくれない大学の授業に比べれば興味深く、アインシュタインにとってはこれらの本が最良の先生になったようだ。

物理学の世界では長いあいだ「ニュートンがすべて解明してしまったので、今後、新たな発見は期待できないだろう」と信じられてきた。それを打ち破ったのがアインシュタインの相対性理論だとするのが一般的な解釈なのだが、実際には19世紀に活躍したこれらの物理学者たちによってポスト・ニュートンの時代はすでに始まっている。特に**マクスウェル**[*]**が確立した電磁気学**は電気と磁気の相関関係を明確にし、そこから電磁波（光や電波の総称）の研究へとつながっていくのだから、アインシュタインは最高のタイミングで勉強を始められたことになる。そういった運の強さも偉人にとっては大切な要素だ。

入学前の光への思いつきと入学後に得た物理学の最新知識により、アインシュタインは少しずつ「相対性理論の入り口」へと近づいていく。そのせいか、大学生活も後半に入ると徐々に自分だけの思考に没頭するようになり、友人たちが話しかけても上の空であることが多かったという。忘れ物なんかもしょっちゅうで、鍵をどこかに置いてきてしまって部屋に入れないといったことも日常茶飯事だった。

いろいろ資料を読み込んでいくと、そのあたりからミレヴァとの関係はより密接なものになっていったようだ。当初、積極的だったのはアインシュタインのほうで、彼女はあまり乗り気ではなかったらしい。ところが実験や読書につきあわされ、そこで得た発見について学術的な議論を重ねているうちに距離は縮まり、いつのまにか男女の仲になっていく。そうなると、ミレヴァは年上であるだけでなく母性の強い女性だったそうなので、考えごとばかりしていて生活もままならない男性の面倒をみることに幸せを感じ始めていったのではないだろうか。

アインシュタインがときどき口にする奇妙な論理も彼女を喜ばせた。発想が突飛な彼は、ややもすれば妄想癖がある人物だと思われがちだったのだが、ミレヴァだけはどんな話にも熱心につきあい、物理学の知識を活かして適切な返答をしていく。そんな関係がうれしかったのか、友人たちに「私だけは彼の言っていることがわかるのよ」と得意そうに答えていたという。

こうして2人は、お互いを必要とする仲になっていく。

Deep View

＊マルセル・グロスマン

真面目で授業もしっかり聞いていたので、興味のあることしかやりたがらないアインシュタインはテストの前になると彼にノートを借りていたという。卒業後、助手として大学に残ったあとも（その後、教授に昇進）、就職できなかったアインシュタインの面倒を見続けていたほか、一般相対性理論の論文を作成しているときには得意な数学を活かして必要な計算を手伝ったりと、さまざまな局面で支えている。

＊オーストリア＝ハンガリー帝国の領内にあった

セルビア公国（後にセルビア王国）はあったものの、本来、領地になるべき地域の多くがオーストリア＝ハンガリー帝国に組み込まれており、この「歪み」が第一次世界大戦の引き金になったのはいうまでもない。ただし、オーストリア＝ハンガリー帝国は多民族国家を標榜していたので、セルビア人であるミレヴァの父親も上級公務員として採用されていて、家はかなり裕福だった。

＊優秀な学生だった

女性が学びにくい時代、物理学などで成績優秀だった彼女は特例で男子だけのクラスに入れてもらえるなど、非常に目立った存在だったという。高校時代にスイスに留学し、チューリッヒ大学で1年間医学を学んだあとチューリッヒ工科大学に進学したという華麗な学歴を持つ。

＊スキャンダラスな事情

マリーとの恋愛関係については『アインシュタイン　天才が歩んだ愛すべき人生』が詳しく紹介しており、資料的にも、比較的、信頼度が高いので、興味のある人は参考にしてほしい。

＊ヘルムホルツ、キルヒホッフ、マクスウェル……

ヘルマン・フォン・ヘルムホルツ（1821～1894）／ドイツの物理学者、生理学者で、熱力学の研究からエントロピーを含めたエネルギーの体系化を行った。

グスタフ・キルヒホッフ（1824～1887）／ドイツ生まれの物理学者で、電気回路、放射エネルギー、反応熱など多様な分野で法則をまとめた。

ジェームズ・クラーク・マクスウェル（1831～1879）／イギリスの物理学者で、マイケル・ファラデーの電磁場理論をもとに古典電磁気学を確立した。

ルートヴィッヒ・ボルツマン（1844～1906）／オーストリア出身の物理学者で、ミクロな物理現象で得られた法則を基にマクロな世界の性質を導き出す統計力学の端緒を開いた。

ハインリヒ・ヘルツ（1857～1894）／ドイツの物理学者で、マックスウェルの電磁気理論をより明確にし、発展させた。

＊マクスウェルが確立した電磁気学

電気や磁気によって起きる物理現象はニュートン力学では説明できないので新たな物理法則が必要になっており、そんなマクスウェルの問題提起に応え、さらに発展させたのがアインシュタインだといえる。

■アインシュタインには幻の「長女」がいた

1900年夏、アインシュタインは無事に大学を卒業した。特定の科目に集中し過ぎたせいか最終試験の成績は5人中4位とよくなかったのだが、それでもぎりぎり合格できたのは、実力なのか、あるいは運の強さなのか、そのあたりはよくわからない。

一方、ミレヴァは一緒に卒業できなかった。秀才としてスイスの名門大学にまで上り詰めてきた彼女だったが、さすがにそのレベルになると通用しないことも多かったのか、徐々に成績が下がり、最終的には最下位になってしまう。しかも4位のアインシュタインとの差は大きく、残念ながら合格とはならなかった。それでも、なんとか卒業資格だけは得ようと、その後もいろいろ奮闘するものの、後述の理由により中退のまま学業を断念することになる。

もっとも、卒業はできたもののアインシュタインの前途もけっして洋々とはいかなかった。

1学年5人しかいない少数精鋭の学科なのだから、普通は卒業後も助手として学校に残るか、あるいは教員として公立の学校に勤務できるはずだ。ところが、彼にはそういう話はまったく来なかった。つまり、大学は出たものの就職できなかったのである。

理由として、無国籍だったことは大きかったとは思うが、それ以外に人間性などの点で評価が低かったことも災いしたようだ。

アインシュタインという人物は基本的に**自信過剰の「うぬぼれ屋」***なので、若いころは露骨に他人をバカにする傾向があった。年を重ねていくうちにマイルドになっていくものの、大学時代はもっともひどく、物理学の教授たちについて「彼らから学ぶことはひとつもない」と言い放っていたほどだ。そんな態度の悪さは学校内でも問題になっており、そんな学生を**就職先に推挙することはできない***だろう。

卒業と同時に仕送り（父親ではなく母方の親戚から受けていたといわれている）が打ち切られたので、このままでは生活できなくなってしまう。このため、仕方なく家庭教師や代用教員のようなアルバイトを続けながら食いつないでいった。要するにフリーターであり、そんな夢も希望もない状態は2年間にわたって続いた。

そういった大事な時期にもかかわらず、この間、アインシュタインはとんでもない問題を起こしている。ミレヴァを妊娠させてしまったのだ。

2人の関係は卒業後も続き、一応、結婚する意思ではいたものの、彼女のことを嫌った両親からは承諾が得られず、おまけに職もないとなれば、前には進めない。それなのに子供ができたとなれば、緊急事態だ。

ところが、アインシュタインの態度はなんとも煮え切らないものだった。強く責任を感じた様子もなく、身重の彼女の面倒をみようともしない。このため、ミレヴァは両親を頼って実家に戻り、1902年1月、難産の末に女の子を産んだ。

問題はさらに続く。「長女」が誕生したというのに、アインシュタインは彼女の元に駆けつけることもなく、無関心を決め込む。それどころか、記録に残る限り、その子とは一度も顔を合わせていないのである。

つまり認知する気がなかったわけで、そんなことから、リーゼル（Lieserl）と名付けられた子供は、すぐに養子に出され、その後の消息はあまりよくわかっていない。2歳になる前に猩紅熱で亡くなったといわれる一方、養子に行ったときに名前が変わり、1990年代まで生きていたという説もある。ただ、はっきりしているのは、アインシュタインは初めて生まれた我が子に対して**愛情も関心も持たなかった**という事実だ。

この件はミレヴァの人生も大きく変えてしまった。幼少期からずっと勉強を続けることで地歩を固めてきた彼女にとって大学の卒業資格は絶対にほしいものだ。このため、母校以外の学校にも論文を送るなどして可能性を探ってきたのだが、産後の肥立ちが悪く、1年近くスイスに戻ることができなかったことで夢は絶たれてしまう。

2人が恋をし始めたころ、アインシュタインはミレヴァへの手紙にこんなことを書いた。

「愛する人よ、結婚したら一緒に科学の研究を続けよう」

しかし、語られた夢はこの段階で消え、その後、彼女には「偉大な科学者アインシュタインの最初の妻」という肩書きしか残らなくなってしまうのである。

Deep View

＊自信過剰の「うぬぼれ屋」

これはけっして悪口ではなく、学者や芸術家、政治家、経営者など多くの偉人に共通している点だ。だいたい「他のやつらより俺のほうができる」と思い込めない人には世の中を変えるようなすごいことはできない。もちろん、その分、失敗する可能性は高まるので、天才とはハイリスク・ハイリターンの人生を宿命づけられた人なのである。

＊就職先に推挙することはできない

このころの大学は要するに「上級公務員養成所」でもあったので（これは当時の日本の国立大学も同じ）、学術的な才能だけでなく人間性（バランス感覚とか）が強く求められたのは当然だ。

＊愛情も関心も持たなかった

アインシュタインはこの子に関していっさい言及していなかったため、伝記作家も知らない幻の事実だったのだが、1986年に孫にあたるエヴリン（長男ハンス・アルバートの娘）がアインシュタインとミレヴァのあいだで交わされた手紙の束を発見し、そこに書かれていた内容から発覚した。その間のやりとりによるとアインシュタインは男児を望んでいたようで、生まれてきた子が女児だとわかったとき、ミレヴァは複雑な気持ちになったという（つまり、そこまで追い込まれていた）。

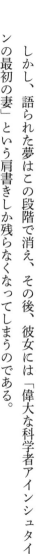

■よき家庭人にはなれなかったアインシュタイン

ミレヴァが妊娠・出産と切羽詰まった問題に追われているとき、アインシュタインはスイスに残り、ひたすら「自分の将来」に向けて活動していた。浪人中も思考実験を続けていくつかの論文を書いているし、スイスの市民権（国籍）取得に向けての準備を着々と進めていく。そして親友であるマルセル・グロスマンの助けもあり、1902年9月、ようやく首都ベルンにあるスイス特許局に3級技師として雇ってもらえることになるのである。

生活が安定したこともあって、翌年、2人は結婚した。長く会えなかったにもかかわらず約束通り結婚したのだから、この時点ではミレヴァへの愛はあったのだろう。そのことは、すぐに長男のハンス・アルベルトが誕生していることでもわかる。

ところが、次男のエドアルドが生まれる1910年ごろになると、夫婦の仲は徐々に冷え込んでくる。それは、アインシュタインの仕事上の成功とも微妙に関わってくる話なので、年表の該当部分を抜き出しておこう。

1902年（23歳）　スイス特許局に就職
1908年（29歳）　スイスのベルン大学講師に就任（特許庁と兼職）

1909年（30歳）　チューリッヒ大学の助教授になり、特許局を退職
1911年（32歳）　チェコのドイツ・プラハ大学教授に就任し、プラハに転居
1912年（33歳）　チューリッヒ工科大学の教授に就任し、スイスに戻る。
1913年（34歳）　プロイセン科学アカデミーの会員となりベルリンへ（別居）。
1914年（35歳）　ドイツのベルリン大学教授に就任。

ドイツは物理学研究の中心地になっており、首都にあるベルリン大学（現在のベルリン・フンボルト大学）の教授になった1914年が「アインシュタイン出世すごろく」の前半のゴールだと思う。しかし、そこに至るまでは、ほぼ毎年のように職場を変え、上を目指していった。

夫婦関係に大きな変化が生じたのは1911年だ。チェコのドイツ・プラハ大学に初めて教授として迎えられるのだが、ミレヴァは**プラハでの生活が耐えられなかったのか***、文句ばかり口にするようになる。これは、多くの時間を思考実験に費やしたいアインシュタインにとってかなりの苦痛だったはずだ。

1912年になると母校であるチューリッヒ工科大学の教授に就任し、スイスに戻る。ミレヴァも一時的な安らぎを感じただろうが、残念ながらそんな生活は1年しか続かなかった。翌年、アインシュタインがプロイセン科学アカデミーの会員になるとベルリンへ転居するこ

とになるのだが、ミレヴァはすぐにスイスに引き返してしまい、別居が始まるのである。

夫婦仲が悪くなった第一の理由は、アインシュタインが家族というものをあまり必要としていなかったからだと思う。若いころの彼は常に他人への評価が低く、特に女性には冷たかったといわれている。したがって、妻のことも「身のまわりの世話をしてくれる女」といった程度の意識しかなかったようで、そんな性格のせいか、ミレヴァに愛情を感じなくなってからは家事だけを要求し、自分の仕事の邪魔をさせないような「**契約***」を結んでいる。

そして、第二の理由として指摘されているのがアインシュタインの浮気だ。相手は二番目の妻となる従姉の**エルザ・レーベンタール***で、2人は1912年の春にはすでに男女の仲になっていたと考えられている。しかも、その不倫現場をミレヴァがみつけたことが別居の直接的な原因になったと考える伝記作家もいるほどだ。

ちなみに、このころのアインシュタインはエルザだけに関心があったのではなく、複数の女性にラブレターを送っている。そんなことから、アインシュタインの女癖の悪さを指摘する人は少なくないのだが、そこまでプレイボーイではなかったと思う。というのも、そんなにモテたとは思えないからだ。実際、彼は生涯を通してたくさんのラブレターを出しているものの、成功率はそれほど高かったわけではない(思い込みの強い人にありがちのパターン)。いろいろ考えるに、1910年前後から夫婦仲は相当悪くなっていて、アインシュタインは精神的なプレッシャーを感じていたのではないだろうか。そんなとき人はどういう行動に出るかといえば、他にやさしい女を求める。これは「失恋直後は誰でもいいから異性にそばにいてほしい」と思う心理と同じだ。そんなこともあり、彼は「エルザ＋α」に気のある態度を示し、そのうち何人かとは展開があったかもしれないが、最終的にエルザが残っていく。そんなところだと思う。

もちろん、すべての真相まではわからないが、ただ、**ミレヴァとの離婚***協議が始まると、「将来、ノーベル賞を取った場合、その賞金を全額与える」と多額の慰謝料を支払う約束をしてなんとか納得してもらったのだから、**不仲になった原因***の多くをアインシュタインがつくったことはまちがいないようだ。

Deep View

＊プラハでの生活が耐えられなかったのか

プラハにはドイツ人が多く、彼らがセルビア人の彼女に冷たくしたことが原因だとされるが、そのころのチェコはミレヴァの出身国であるオーストリア＝ハンガリー帝国の領内であり、いってみれば「母国」に帰ってきたことになるのだから、生活に支障が出るほど悲惨な状況ではなかったと思う（チェコ人もセルビア人と同じスラブ系である）。それより、すでに夫婦仲がかなり悪化していたと考えるほうが自然だろう。

＊契約

「食事は1日3回自分の部屋で受け取る」「机の上は触ってはいけない」「社会的に必要なとき以外はあなた

との人間関係を放棄する（つまり夫婦らしくしない）」といった内容を明文化していたといわれる。

＊エルザ・レーベンタール

年齢はアインシュタインの３つ上で、やはり母性の強い世話女房タイプだったという。彼女は、一度、結婚し、２人の娘を産んだあとに離婚している。１９０８年からは娘と共にベルリンに住んでおり、アインシュタインも仕事の関係でこの町を訪れることは多かったことから、会うようになったようだ。

＊ミレヴァとの離婚

アインシュタインとミレヴァの関係については『裸のアインシュタイン　女も宇宙も愛しぬいた男の大爆発（ビッグバン）』という本がかなり詳しい。日本語の書名が下品なのでキワモノ扱いされがちだが、よく読んでみると著者はかなり真面目に原資料（主に手紙）を分析し、まとめていることがわかるので、もっと注目されてもいいように思う。ちなみに原題は『THE PRIVATE LIVES OF ALBERT EINSTEIN』といたって地味で、ここからは「アインシュタインのプライベートな部分について偏見なくまとめました」との著者のメッセージが感じられる。それだけに三流娯楽映画みたいな邦題は残念だ。

＊不仲になった原因

夫婦の関係をもっとも近くで見ていた２人の息子は、その後、ずっと父親のことを恨み続けていたので、やはり、それなりの問題はあったのだろう。

もらいました！

■科学史に残る「奇跡の年」が成功へのきっかけ

家庭面ではどんどん不幸になっていくアインシュタインだが、それと反比例するかのように仕事面では快進撃を続ける。その端緒となったのが、結婚直後の1905年、26歳のときの奇跡だ。それまでの思考実験によって培ってきた成果を一気に放出するかのように、4本の論文を次々と発表した。そして、そのすべてが、科学史に燦然と輝く貴重な存在になっていくのである。

1本目は一般的に『光量子仮説』と呼ばれるもので（それぞれの正式な題名は年表を参照のこと）、光には波としての性質だけでなく粒としての性質もあるということを、**光電効果***などの例を挙げながら理論的に考察している。

2本目は『ブラウン運動論文』と呼ばれるもので、原子や分子などの粒子的な振る舞いについて説明しており、それらの存在を実験的に検証する手がかりになった。

そして、3本目と4本目が特殊相対性理論にあたる。この内容に関しては次の「特別講座」を参考にしてほしい。

特殊相対性理論は、その時代までの物理学からすれば「奇妙でおかしな論理」であったので、当初は周囲の理解をまったく得られなかった。まだ若く無名の学者が発表した論文の扱いなどそんなものだ。

ところが、ドイツ物理学会の会長で重鎮の**マックス・プランク***が興味を示し、強力に支持したことで注目を集めるようになっていく。学問の世界では本人の死後（あるいは晩年になってから）、ようやく論文が評価されるといったことはめずらしくないので、相対性理論のような「ぶっ飛んだ」学説が割と早い時期に認められたのはアインシュタインにとって最大の幸運だったかもしれない。

その後の出世物語は前述した通りだ。そしてミレヴァとの離婚が成立し、エルザと再婚した1919年以降、いよいよ絶頂の時代を迎えるのである。

Deep View

＊光電効果
物質に光を照射すると表面から電子が放出される現象。「光波動説」では説明できなかった。

＊マックス・プランク
ドイツでは今でももっとも尊敬されている物理学者で（博物館などの扱いもアインシュタインより上）、その割には日本での知名度が低いのは残念だ。相対性理論に評価を与えただけでなく量子力学につながる量子論の創始者のひとりであり、そういう意味では20世紀の物理学の進歩を支えた巨人である。人間的にも非常に立派で、ナチスによるユダヤ系科学者への冷たい処遇に抗議して、ヒトラー本人に、直接、意見したことがあるほど。当然、反逆罪に問われそうになるが、すでに75歳くらいの老人であったため、ヒトラーに「もっと若かったら処刑してやったのに」と言われたという伝説が残っている。

特別講座

10分でわかった気になる相対性理論

アインシュタインが相対性理論につながる最初の発想を得たのは16歳前後に始まった光に関する考察からだった。光はあまりに速く進むため、学者の中には「光速は無限だ」と考える人も多かったのだが、アインシュタインが生まれたころには計測方法が確立しており、秒速約30万キロメートルだとわかる。ものすごいスピードであるものの、それでも太陽からの光が地球に届くまでに約8分20秒もかかるのだから、がんばればそれより速い乗りものがつくれそうだ。そこから彼の思考実験が始まる。

もし光と同じ速さで移動しながら横を進む光を眺めたら、どう見えるのだろうか？　高速道路で隣りあった車線を同じスピードで走っていたら、お互い止まっているように見える。光でも同じ現象が起きるのか？　しかし、まだ若いアインシュタインには「止まっている光」がどんなものかまったく想像できず、第一歩を踏み出しただけで先へは進めなかった。

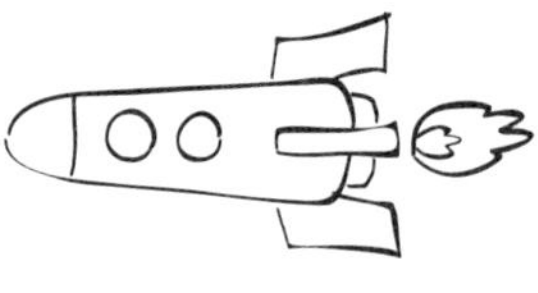

■光はどの方向にも同じスピードで進む

そのころ、物理学者たちは光の正体に関して悩んでいた。それは「光は波か、粒か？」という問題だ。いろいろな挙動を調べていくと、あるときは波のようであり、あるときは粒のようである。現在では「光は波と粒の両方の性質をもつ」と結論が出ているが、このときは、まだ論争が続いていた。そしてそこに一石を投じたのが、19世紀になって急速に進歩した電磁気学である。この分野の研究の成果として、「光と電波は同じもので、電磁波と呼ばれる波である」ということがわかってくる。

しかし、光が波だとすると、一つ疑問が浮かぶ。海の波は水面の高さが変化することで伝わるし、音の波は空気の振動によって伝わる。つまり、波は水や空気などの媒質がなければ伝わらないはずなのに、光はほぼ真空の宇宙空間を通っていく（揺れる物質がなさそうなガラスも通過する）。これでは辻褄が合わない。

なお、波という言葉は一般的には水面に生じる波を示すことが多いので、ここからは物理現象における波は波動、さらに粒は粒子と言い換えることにする。

そこで物理学者たちは、宇宙空間にはエーテルという未知の物質が溢れ、光はそれを揺らしながら進んでいるのだと考えた。エーテルの歴史は古く、「光は波動だ」と主張する人たちによって17世紀ごろから「あること」になっていたので、そこに便乗することで疑問を先送りしていたのである。

大学生になり、本格的に物理学の勉強を始めると、アインシュタインはエーテルについて真剣に考え始めた。もし宇宙がエーテルで満ちているなら、地球の自転や公転によって私たちはその中を猛スピードで移動しているのだから、それによって光の速度が変わるかもしれない。

同じことを考えた人は他にもいて、この疑問に対する答はアインシュタインが8歳のときにすでに出ていた。有名な「マイケルソン・モーリーの実験」というものがそれで、90度違う方角に放った光の速度を精密に測定したところ、どちらも同じだったのだ。その結果、エーテルの存在が徐々に疑われ始めていたのである。そのことを知り、アインシュタインは相対性理論に向かって第二歩を踏み出すことになる。

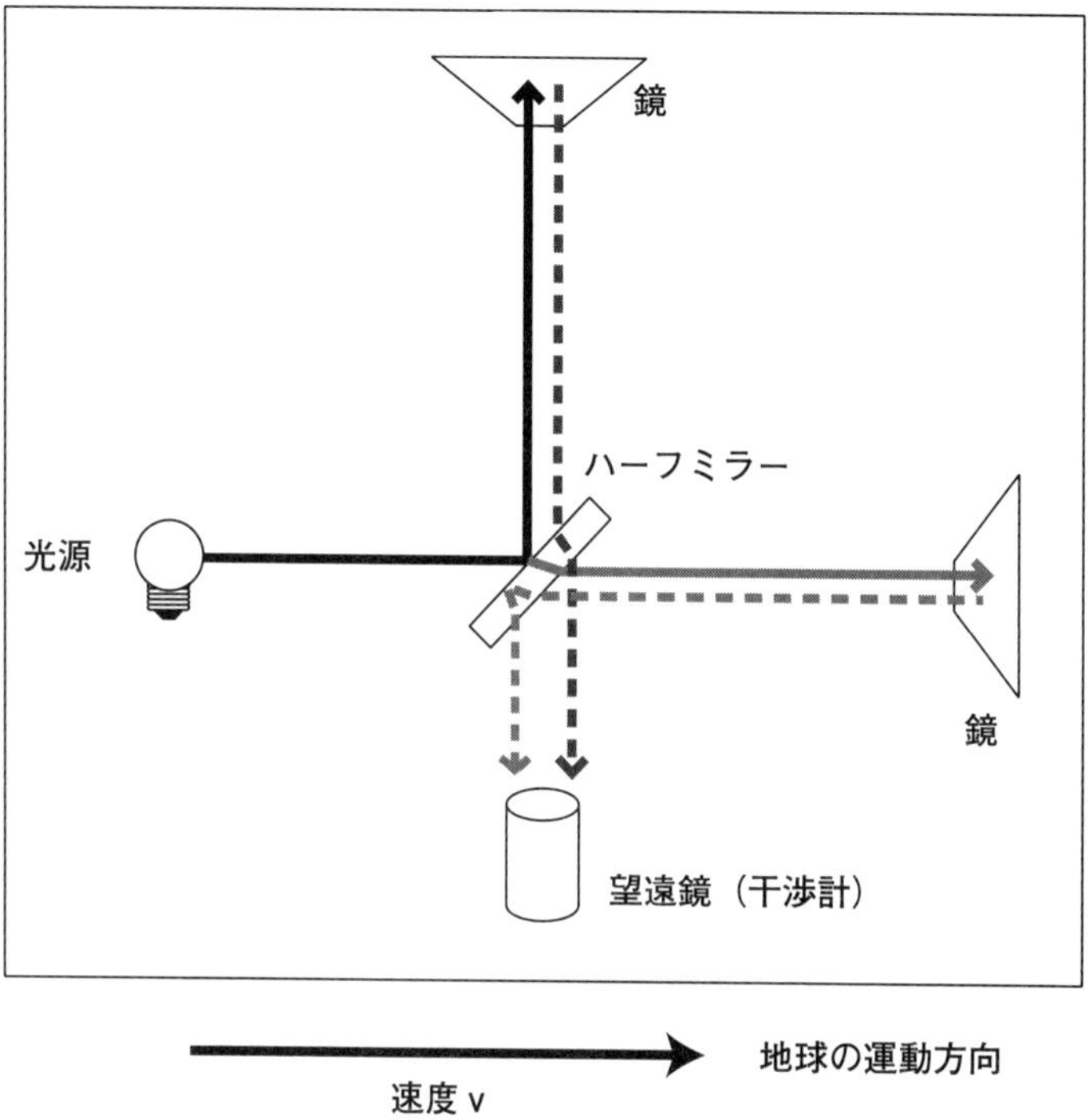

マイケルソン・モーリーの実験（19世紀後半）

地球が自転・公転して位置を変えていることから、南北方向に進む光と東西方向に進む光の速さの差を測定し、時間のずれや干渉縞の位置がずれることがわかれば、「エーテル風」の存在が証明できると考えて行われた実験。

■光速は誰が見ても変わらない

大学在学中もずっと考え続け、それ以外は上の空だったアインシュタインにまともな就職話は来なかった。それでも友人たちの力添えもあってスイスの特許局に勤められるようになったとき、彼が真っ先に思ったのは「生活が安定すれば、もっと思考実験に費やせる時間が増える」ということだ。一応、技師としての仕事はまじめにやっていたようだが、家事や雑用などはすべて妻に押しつけ、自分は研究だけに没頭する。そのころには少しずつ考えはまとまってきていたようで、物理学や数学に詳しい仲間と議論しながら具体的な形にしていった。

最初に出した結論は、光にはやはり粒子としての性質もあるということだ。そうすればエーテルという媒質がなくても伝わる理由が説明できる。その考え方をまとめたのが『光量子仮説』になる。

二つ目の結論が光速度不変の法則だ。特殊相対性理論の根幹をなすもので、「光は見る人の条件（運動など）に関係なく、常に同じ速さになる」とすれば、さまざまな疑問が解決するのである。

ここで、運動する物体（たとえば飛んでいるボール）、音、光の3つについて、条件によって「速度」がどう変化するか考えてみよう。

速度A1でボールを投げられる人が速度B1で移動する自動車の上から前方に向けて飛ばした場合、ボールの速度はA1＋B1になる。これは速度合成の法則に基づく現象で、感覚的にもわかりやすいはずだ。

次に自動車を降りて止まった状態で投げ、飛んでいくボールを反対側から速度C1で近づく人が眺める。すると、見た目の速度はA1＋C1になる。これは速度合成ではなく観察者の運動によるものだ。

同じことを音で考えてみよう。音速は空気中だとだいたい秒速340メートルなので、これをA2とする。音の出る装置を列車（もちろん自動車でも飛行機でもかまわない）に乗せ、速度B2で移動しながら前方に向かって鳴らすとその速度はどうなるかというと、実はA2のままで変化しない。これは、波動には速度合成の法則が適応されないからだ。つまり、音速（他の波動の速度も）は発生源の運動に関係なく一定である。

ところが、固定した音源に向かって速度C2で近づいて来る人から見た場合、見た目の音速はA2＋C2となる。この現象は音を追いかける場合を考えたほうがわかりやすい。猛ス

運動する物体（速度 A1）、音（速度 A2）、光（速度 A3）の速度は条件によってどう変わる？

①発生源が動いている

速度 B1 で走る
自動車からボールを
速度 A1 で投げる

ボールの速度は
A1+B1

速度 B2 で走る列車から
前方へ音を出すと

音速は A2 のまま

速度 B で飛んでいる宇
宙ロケットから前方へ光
を発射すると

光速は A3 のまま

②観察する人が動いている

速度 C1 の自動車に
向かって投げる

自動車に乗った観察者
からの見た目のボール
速度は
A1+C1 になる

速度 C2 の列車が
近づいてくる

列車に乗った運転者が
測定した音の速度は
A2+C2 になる

光源に向かって
速度 C3 で近づい
てくるロケット
から光の速度を
調べると

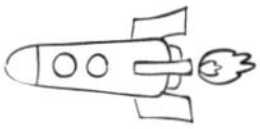

ロケットが近づいてい
ようと、遠ざかってい
ようと、測定した光の
速度は A3
（観察者に依存しない）

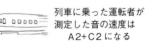

ピードで飛ぶ飛行機は音を追い越してしまうことがあり、これが超音速だ。したがって、この飛行機から見れば、その音の速度はマイナスになってしまう。

それでは光はどうか？　光の速度をA３とした場合、光源をB３で移動させても、C３で近づいて来る人から見ても、光速は常にA３で一定になる。したがって、宇宙空間で走る光を光速のロケットで追いかけながら眺めても、止まって見えるのではなく光はやはり光速で遠ざかっていく。なんとも不思議な話だが、この「光速度不変の原理」こそがアインシュタインのたどり着いた結論のひとつなのである。

■光速は一定で、変化するのは距離や時間

どうやら、自然界において光は特別なもののようだ。どんな状態で発せられ、どんな状態の人が観測しても同じ速度になり、しかも、それを超えることはできない。しかし、こんな話は従来の物理学の常識からいえば納得できないはずだ。なぜなら、速度とは一定時間に進んだ距離を表し、次のような式が成り立つので、それと合わなくなってしまう。

速度＝**進んだ距離**／かかった時間

そんな疑問に対して、アインシュタインはこう考える。

「距離（長さ）や時間が絶対的だと考えるからおかしく感じるだけで、条件によってはそっちが変化すると考えれば問題はない。つまり、光速だけが不変であり、それに合わせて時空のほうが変化するのである」

この考えに基づくと、「光と同じ速さで移動したら横を走る光は止まって見えるのか？」

という問題も、こう説明できる。

宇宙空間では速度が与えられた物体はそのまま等速運動を続けるが（慣性の法則）、その状態でエンジンを動かしてエネルギーを加えれば加速する。空気抵抗がないので、「おなら」程度の弱い気体の噴射でもスピードは着実に速くなり、いつか光速に近づくはずだ。

ところが、ロケットが速くなればなるほど「時間の進み方は遅く」なり、物体の「長さは短く」そして「**重*さは増えていく**」ので、速度の上昇はどこかで止まる。アインシュタインの計算ではロケットの速度が光速になると時間が止まり、胴体の長さはゼロになり、重さは無限大になるので、結局、光速は超えられない（無限大に重いものは押しても加速できないし、そもそも時間も長さもなくなるので速度という概念が成立しなくなる）。そんなロケットに乗りながら横を走る光を見たら、やはり変わらぬ速度で通り過ぎていくのである。

もちろん「時空が歪む」といった現象は私たちが生活している環境では意識することはできず、世の中はニュートンが確立した伝統的な物理学の法則通りに動いていく。しかし、宇宙空間のような大きな世界ではアインシュタインの相対性理論を取り入れないと理解できない現象が、多々、起きているので、今では正しいと認める物理学者がほとんどだ。

実は相対性理論の証明は、やろうと思えば誰でもできる。原子時計という非常に正確な時計を用意し、飛行機に乗って地球を一周してくれればいいからだ。すると、その時計は

1000分の1秒ほど狂うはずで、ほんのわずかだが時間の進み方が変わったことがわかる。原子時計は2000万円ほどで買えるそうなので、アインシュタインの考え方にどうしても納得できない人は、ぜひ挑戦してみてほしい。

なお、ここまでが特殊相対性理論の大雑把な内容で（本当に一部に過ぎない）、アインシュタインがその10年ほどあとに発表する一般相対性理論では加速度運動を含めたものに拡張されており、いよいよ重力の正体にも挑んでいくのだが、ここではこれ以上、説明しない。本書の続編としてアイザック・ニュートンについて書く予定でおり、その中で2人の偉大な科学者が重力に関してどういう考えに至ったか解説するつもりでいるので、そちらを楽しみにしていてほしい。

Deep View

＊重さは増えていく

物体にエネルギーを加えることで重くなっていくのだから、エネルギーと質量は同じものだということになる。その関係を表したのが有名な式「$E=mc^2$」だ。わかりやすい言葉で書くと、こうなる。

エネルギー＝質量×（光速度×光速度）

光速度の値は非常に高いので、物体の質量のほんの一部でもエネルギーに変換することができれば膨大な力が生まれる。これを具体的に利用したのが原子力だが、アインシュタインは理論物理学者であって実践とは無縁なので、原子力の開発にはまったく携わっていない（そっちの主役はエンリコ・フェルミだ）。

第3章

アインシュタイン博士の日本旅行記

1919年5月29日、イギリスの天文学者アーサー・エディントンはアフリカのプリンシペ島で皆既日食の観測を行い、歴史に残る大発見をした。太陽の近くに見える恒星が本来あるべき位置とわずかながらずれており、「重力場によって光が曲げられる」と説明した一般相対性理論の正しさが証明されたのである。アインシュタイン本人は自分の説に自信があったので報告を聞いてもそれほど興奮しなかったそうだが、世間は大騒ぎになった。

当時、多くの物理学者は相対性理論の筋道立った考え方には納得していたものの、証明のしようがないので、どこか半信半疑のところがあったのも事実だ。しかし、この発見により疑いはなくなり、物理学の基本理論の一つとして扱えるようになる。つまり、これをきっかけに相対性理論は「古典」になったのである。

一方、ニュースを知った一般の人々は、難しいことはわからなくても「なんだか大変なことが起きている」と感じたはずだ。なにしろ光が曲がるのである。そして、アインシュタインという学者の言っていることが正しければ、空間だって時間だって絶対的なものではなくなってしまう。今までの常識を変える新しい学説への関心が一気に集まり、アインシュタインは、一躍、世界的な有名人になった。

そんな偉大な人物の話を聞こうと、あちこちから招待の話が来る。ヨーロッパだけでなく大西洋を渡ってアメリカにも行くのだが、そんな訪問国の中に日本が入っていたことを知る人は少ないと思う。第一次世界大戦で戦勝国になったことにより列強の一角に加えられてい

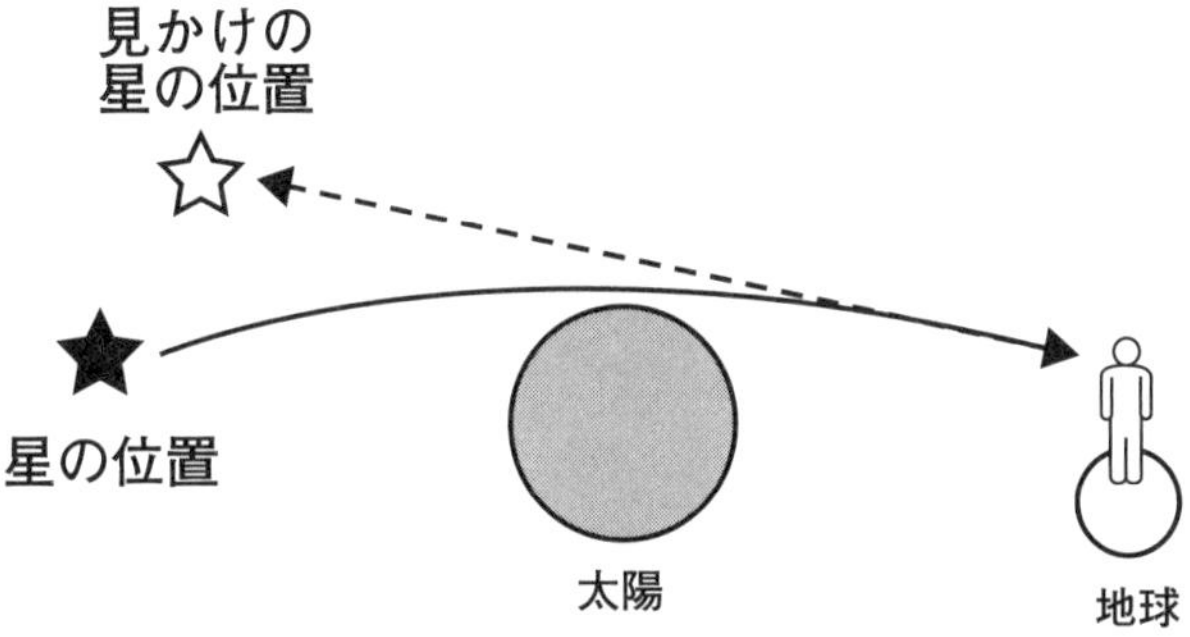

遠方の星からの光は、太陽の重力場で曲げられて地球に到達する。日食時には太陽の光が月にさえぎられるので写真をとると星は見かけの位置にあるように写る。

たとはいえ、まだよくわからない東洋の国に、多忙を極めていたアインシュタインは、なぜ、やってきたのか？　そして、当時の日本人はどんな反応を示したのか？　この章ではそのあたりを解説していこう。

■招待したのは学会や大学ではなく出版社

アインシュタインを日本に招こうと考えたのは**改造社***という出版社だ。1919年（大正8年）に山本実彦というジャーナリストによって創業され、総合雑誌『改造』や『現代日本文学全集』などの発行により急成長を遂げていた。その勢いで**海外からの著名人を招待***し、話題を集めようとしていたのである。

候補者はいろいろいたものの、アインシュタインは「時の人」だったため、招致の準備は慎重に進められた。博士の知己である日本人学者などの人脈を活かし、さりげなく意向をたしかめてから、正式にオファーしようという段取りだ。ところが、アインシュタインは最初からかなり乗り気だったようで、あっさり来日が決まる。

もともと彼は**日本や東洋に強い興味***をもっており、自宅の居室にはオリエンタル趣味の絵や人形などが飾られていたという。また、日本人の物理学者とも親交があり、この分野で欧米に匹敵するレベルの研究が行われていることも知っていたので、講演をすることに不安はなかったようだ。妻エルザはあまり行動的な女性ではなかったので躊躇したらしいが（夫の健康面も心配していた）、最後は説得されるかたちで同行を承諾する。

1922年10月8日、アインシュタイン夫妻はフランスのマルセイユで日本郵船の客船「北野丸」に乗り込んだ。今でも日本最大の海運会社である日本郵船は、当時、11隻の船を使って2週に1回というペースで**ヨーロッパと日本を結んで***おり、質の高いサービスは国際的にも評判がよかった。このため、航海中のアインシュタインは、**終始、上機嫌***だったそうだ。

もうひとつ、彼を喜ばす出来事があった。香港を経て上海に向かう途中、船上で「ノーベル賞受賞」の知らせを受けたのである。多くの功績から受賞は時間の問題だと思われていたものの、やはりこの賞の力は大きく、その後の学者生活にも深く関わってくるだけに本人はうれしかったはずだ。ただし、受賞の理由となったのは相対性理論ではなく『光量子仮説』のほうで、これはノーベル賞が主に**社会に役立つ研究***を対象にしているからだと考えられる(例外も多いが)。

なお、前述した通りノーベル賞の賞金は離婚したミレヴァに「慰謝料」として全額わたされた。彼女はそのお金でチューリッヒに4階建ての大きな家を買っている。その建物は今でも残っており、なぜか「MILEVA EINSTEIN」と書かれた銘板が貼ってあることが、テレビ番組によって紹介されていた(『真相報道バンキシャ!』2012年10月21日/http://www.ntv.co.jp/bankisha/kanshiki/2012/10/post-16.html)。

12月 6日	列車で東京へ。
12月 7日	名古屋へ移動（熱田神宮観光？）。
12月 8日	名古屋国技館で一般講演。
12月10日	京都市公会堂で一般講演「いかにして私は相対性理論を創ったか」。京都市内を観光。
12月11日	大阪中央公会堂で一般講演。
12月13日	神戸基督教青年会館で一般講演。
12月17日	22：14奈良到着。奈良ホテルで２泊する。
12月18日	奈良公園周辺を散策。春日若宮おん祭の後、宴能を鑑賞。奈良国立博物館を訪問。
12月20日	宮島に到着し、観光。
12月23日	夜、門司市の三井倶楽部に宿泊。
12月24日	博多駅着、福岡市大博劇場で一般講演。 東中州のカフェ・パウリスタで慰労会、旅館栄屋に宿泊。
12月25日	九州帝国大学訪問（理工学部）。博多見物。 門司YMCAのクリスマスパーティに参加。バイオリンでアヴェ・マリアを演奏。
12月26日	この日に離日の予定だったが、船舶の都合で滞在が３日延びることに。 門司三井倶楽部に宿泊。
12月27日	関門海峡や下関市を見物。
12月28日	夜、送別会。日本人列席者による義太夫、謡曲、長唄、槍さび、どじょうすくいなどの隠し芸と、返礼に博士によるバイオリン演奏３曲。
12月29日	15:00日本郵船「榛名丸」で門司港よりパレスチナに向けて出航。

アインシュタイン博士来日日程

1922年	（大正11年）/43歳
10月 8日	妻エルザと共にマルセイユ港で日本郵船の客船「北野丸」に乗り込む。
11月10日	香港・上海間を航行中にノーベル賞受賞の知らせを受ける。
11月17日	神戸港に到着。一般市民を含めた予想外の大歓迎に驚く。京都泊。
11月18日	9：15発の特急で東京に。晴天に恵まれ、展望車から琵琶湖や富士山を眺めた。 19：20東京駅着。宿泊先の帝国ホテルへ。
11月19日	慶應義塾大学三田大講堂にて2000名以上の入場者を集めて一般講演。
11月20日	午後、小石川植物園で開かれた学士院の公式歓迎会に出席。夜、明治座で日本の芝居を見物。
11月24日	神田青年会館で一般講演。「物理学における空間および時間」
11月25日～ 12月 1日	東京帝国大学理学部物理学教室中央講堂で、専門家向け学術講演。 （計6回。日曜は休んで毎日14:00から1時間半） 「光速度不変の原理」「自然法則とローレンツ変換の共変性」「テンソル解析法」「テンソル微分法」「万有引力」についてなど ※この間、11月27日に宝生流の能を鑑賞したほか（演目は「羽衣」）、浅草観光なども行った。
12月 2日	仙台駅着。歓迎の群衆で駅前広場を挟んだ宿泊先仙台ホテルまで20分かかった。 東北帝国大学を訪問し、本多光太郎教授と面談。 講義室の壁にサインするが、仙台空襲で建物は焼失してしまう。
12月 3日	仙台市公会堂で一般講演（9：30～14：30）。 15：00発の東北本線に乗り、松島で月見と瑞巌寺の見学。 夜、仙台に戻って土井晩翠と面会。
12月 4日	8：30発の列車で日光へ向かい、2泊。

Deep View

＊改造社

創業した年に、そのころ人気のあった社会運動家賀川豊彦の自伝的小説『死線を越えて』を出したところ大正時代で最大のベストセラーとなり、資金力があったのも海外からの著名人を招待できた理由だった。現在は改造社書店として書籍の販売業を営んでいる。

＊海外からの著名人を招待

アインシュタイン以外にも、イギリスの哲学者で後にノーベル文学賞を受けるバートランド・ラッセルやアメリカの女性活動家マーガレット・サンガーなどの来日を実現させている。

＊日本や東洋に強い興味

ラフカディオ・ハーン（小泉八雲）の本も読んでいたようで、そこに描かれる世界にも関心をもっていたらしい。

＊ヨーロッパと日本を結んで

クラスにもよるが、運賃は1人あたり1100円だったそうで、今の金銭価値に直すと66万円くらい。約40日間の食事代も含まれるのだから、それほど高いわけではない。

＊終始、上機嫌だった

日本郵船のウェブサイトにある歴史のページ（http://www.nyk.com/ir/investors/history/index_02.htm）にはアインシュタインの航海中の写真が掲載されており、「日本郵船の常連であった……」と書かれているので、このときの航海以外にも利用したことがあるのかもしれない（たとえばヨーロッパ域内の移動とか）。

＊社会に役立つ研究

相対性理論は革新的な理論ではあるものの、その時代にはまったく実用性は感じられなかったので、電気部品にも応用される光電効果を物理学的に説明した光量子仮説が重視されたようだ。

■日本各地で受けた大歓迎

11月17日午後4時過ぎ、アインシュタイン夫妻を乗せた北野丸は神戸港に入った。あまり一般的とはいえない専門的な研究を長く続けてきた経験から自分がそれほど広く知られているとは思わなかった博士は、大勢の群衆が船の到着を待っていたことに驚き、「誰か有名人が乗っているのか?」と尋ねたとか。直前にノーベル賞受賞のニュースが報じられたこともあって、そんな高名な人物をひと目見ようとたくさんの人が集まったようだ。

神戸港では改造社の山本実彦だけでなく、長岡半太郎、穂積陳重、石原純など、そのころの物理学界の主要メンバーらも出迎え、事前に面識のあった人物もいたのでアインシュタインは心を落ち着けたはずだ。この日は三ノ宮駅(現在のJR元町駅)から汽車で京都に向かい、都ホテルに1泊する。そして、翌朝、特急で東京に旅立った。東京駅にも多数の群衆が押しかけたため、抜け出すだけでも一苦労だったという。

疲れる旅が続いたにもかかわらず、宿泊先の帝国ホテルに着くと次の日に慶応大学で行う講演会のため、通訳を務める石原純と遅くまで打ち合わせをした。翌朝も刺激物であるコーヒーや紅茶は口にせず、来客もできるだけ断って、ひとり静かに構想を練っていたというから、真面目な性格がよく表れている。ちなみにアインシュタインは講演内容を事前に細かく決めず、「聴衆の顔を見てその場で自由な心持ちで講演したい」と考えていたそうで、そういう意味ではなかなか弁が立つ学者だったようだ（となると、幼少期について多く書かれる「言葉の発達が遅れていた」といった説明は、なんだったのだろう）。

午後、三田キャンパスの講堂には2000名以上の聴衆が集まり、アインシュタインによる日本初の講演会が行われた。物理学の先鋭や大学の関係者、さらに大臣クラスまで含めた招待客に加え、3円という高額の入場料（オペラの上等席に匹敵したらしい）を支払ってでも博士の話を聞きたいという一般市民が相当数いたようだから、日本人の知的好奇心はこのころから強かったことがわかる。

しかし、すごいのは、やはりアインシュタインのほうだ。ジェスチャーを交えながら**合計5時間**にわたって熱弁を振るった。長時間になることがわかっていたため、博士の希望により参加者の間食用のパンまで用意されていたそうだが、それでも講演中は無駄口を叩く者などなく、誰もが静かに聞き入っていたと、当時の新聞は報道している。

その後も、東京で2回、仙台、名古屋、京都、大阪、神戸、福岡で各1回の講演を行い、出席者の数は延べ1万4000人ほどに上った。参加者により一般向けと専門家向けに内容を変えて話がされたのだが、すべての会において聴衆の反応は同じ様子で、そのことがアインシュタインをすっかり喜ばせたようだ。

43日間の滞在中はかなりのハードスケジュールだったが、それでも観光や芝居見物などによって日本をより深く知ることができたし、大衆と、直接、会話を交わせるような機会もあったので、非常に満足した旅になった。その後もずっと「日本びいき」が続いたので、よほど楽しかったのだろう。

ただし、アインシュタインはこのころにはすでに政治的な活動にも興味を示し、平和主義者だという認識も強めていたので、日本が徐々に軍国化していく気配には敏感に反応していたという。大阪で歓迎会に出席したときには、招待側が彼の母国であるドイツへの親善の気持ちを示そうと会場を日本とドイツの国旗で埋め尽くしたらしい。ところがこれに対しては、あまり喜ばず、こう語ったという。

「軍国主義のドイツに住みたくないと思っている私には、あまりいい気持ちはしませんでした」

ドイツへの複雑な思いが感じられると共に、その後、わが国が突き進んでいった戦争の結果を考えたとき、こういうところについても、博士の話をちゃんと聞いておけばよかったのではないかと思っている。

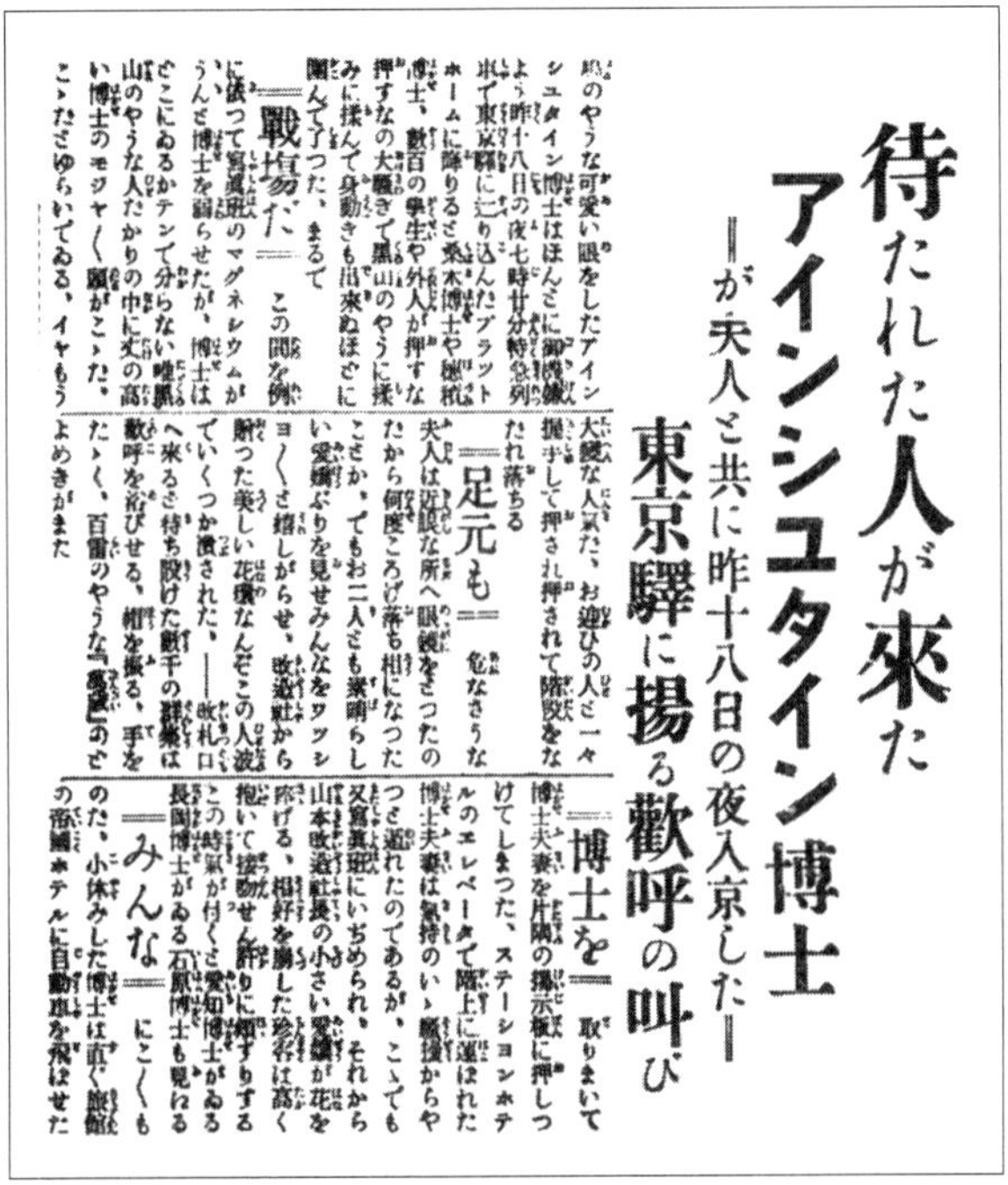

待たれた人が來た アインシュタイン博士

―が夫人と共に昨十八日の夜入京した―

東京驛に揚る歡呼の叫び

鳩のやうな可愛い眼をしたアインシユタイン博士はほんとに御機嫌よう昨十八日の夜七時廿分特急列車で東京驛に辷り込んだプラットホームに降りると桑木博士や總代博士、數百の學生や外人が押すな押すなの大騷ぎで黒山のやうに揉みに揉んで身動きも出來ぬほどに圍んで了つた、まるで

＝戰場だ＝ この間を例に依つて寫眞班のマグネシウムがぱんぱん博士を踊らせたが、博士はそこにゐるかテンで分らない唯黒山のやうな人だかりの中に丈の高い博士のモジヤ〳〵頭がこゝた、こゝたさゆらいでゐる、イヤもう大變な人氣だ、お迎ひの人と一々握手して押され押されて階段をなだれ落ちる

＝足元も＝ 危なさうな夫人は近眼な所へ眼鏡をとつたのだから何度ころび落ちも相になつたことか、でもお二人とも素晴らしい愛嬌ぶりを見せみんなをワツシヨ〳〵と嬉しがらせ、改造社から贈つた美しい花環なんぞこの人波でいくつか潰された、――改札口へ來ると待ち設けた數千の群衆は歡呼を浴びせる、帽を振る、手をたゝく、百雷のやうな「萬歳」のどよめきがまた

＝博士を＝ 取りまいて博士夫妻を片隅の掲示板に押しつけてしまつた、ステーションホテルのエレベータで階上に運ばれた博士夫妻は氣持のいゝ擁擠からやつと逃れたのであるが、こゝでも又寫眞班にいぢめられ、それから山本改造社長の小さい愛嬢が花を捧げる、相好を崩した珍客は高く抱いて接吻せん許りに頬ずりするこの時氣が付くと愛知博士がゐる長岡博士が居る石原博士も見ゐる

＝みんな＝ にこ〳〵ものだ、小休みした博士は直ぐ旅館の帝國ホテルに自動車を飛ばせた

1922年（大正11年）11月19日付の読売新聞の記事

Deep View

＊合計5時間

午後1時半に始まり特殊相対性理論について3時間、そして1時間の休憩を挟み、一般相対性理論について2時間の講演が行われた。

という、あまりパッとしない人生を送ったのだから、この選択は正解だったのだろうか？

おもしろいのは、この激しい不倫ドラマに対するアインシュタインの反応だ。彼は彼でけっこう問題のある女性関係を続けてきたにもかかわらず、この旅の途中で阿佐緒にこう語ったという。

「物理学者は
生活を乱してはいけない」

石原をアカデミズムに戻せという意味だったのかもしれないが、阿佐緒に強引に迫り、愛人関係を強要したのは彼のほうだったといわれているので、ちょっと的外れのように感じる。一つだけ言えるのは、女性といろいろあっても研究生活には支障を来さなかったアインシュタインと、感情を優先して崩落していった石原との差は大きかったということだ。どんなに才能やセンスがあっても、自分が活躍できる舞台を用意できない人は満足できる人生は送れない。石原の物理学者としての能力は誰もが認めていただけに、余計にそう思う。

それにしても、1カ月以上かけて日本までやって来たうえ、相対性理論という宇宙規模の現象を解明する学説について講演をするというのに、その合間に、かつての教え子の卑近で下世話な恋愛劇につきあわされることになるとは、天才科学者もびっくりの珍事件である。

column

「不倫の果ての人」への博士のアドバイス

アインシュタインが日本に滞在しているあいだ通訳を務めた理論物理学者の石原純は、東北大学助教授時代にドイツに留学して本人からも、直接、学んだことがある「教え子」であり、その後はわが国における相対性理論研究の第一人者として活躍した人物だ。そういう意味では最適な人選だったのだが、実はこのときには大学を追われた身であり、肩書きは教授でもなんでもない一般人に過ぎない。それにはこんな「事情」がある。

石原は歌人としても活躍しており、伊藤左千夫や島木赤彦がいた『アララギ』の主要メンバーだった。多才なのはいいのだが、当時、アララギ派の女流歌人として頭角を現してきた原阿佐緒と恋愛関係になる。それぞれ結婚していたのでいわゆるW不倫だ。教育者としては大問題であるため大学からは職を解かれ（形式的には辞職）、さらに『アララギ』にとっても会を揺るがすほどの大事件となったことから2人は事実上の追放となった。

ところが、そんな派手なスキャンダルを起こしたにもかかわらず、アインシュタインの随行要員に抜擢されたとき、石原はちゃっかり阿佐緒を連れてきた。しかも、不倫しても離婚はせず、家庭はキープしていたので、名士が集まる公的な場に「話題の愛人」と一緒に登場したことになる。

もっとも「原阿佐緒」の名前で画像検索すると、今でも通用しそうなほど魅力ある美女であることがわかるので、のめり込んでしまった理由はなんとなく想像できる。しかしその結果、石原は学者には戻ることはできず、歌人と科学雑誌の編集者を兼職しながら最後は交通事故に遭って命を落とす

■アインシュタインは東北大教授になっていたかもしれない

ところで、アインシュタインの日本への旅には前史がある。

1912年（明治45年＝大正元年）、現在の東北大学である東北帝国大学の初代総長を務めた澤柳政太郎氏がミュンヘンに留学していた石原純を通して彼に教授就任の打診をしていたというのだ。しかも、個人的な思いつきなどではなく、「3年間の任期で年俸1万5000マルク（約7500円）」という採用条件まで具体的に提示していたというから、正式なプロジェクトだったことがわかる。東北帝国大学は前年に創設されたばかりだったので、開学の目玉として新進気鋭のアインシュタインに白羽の矢を立てたのだろう。

さすがに遠い東洋まで来ることはできず、この話は実現しなかったのだが、それでも東北大学側の狙いはけっして悪くなかったと思う。なぜなら、このころのアインシュタインはチェコのプラハで大学教授を始めたばかりの「駆け出し」であり、ヨーロッパにおける評価はまだ確立していなかった。したがって、話の持っていきようによっては日本行きを承諾させられた可能性もあったと思う。

ちなみに明治時代の7500円は今の金銭価値では1億5000万円くらいになり、まだそんなに裕福でなかったアインシュタインにとってはかなり魅力的だったはずだ。それでも、物理学者として「出世すごろく」を進んでいた彼にとって、メインストリームであるヨーロッパを離れるのは遠回りになってしまうから、断ったのは当然だろう。

ただ、日本人である筆者としては、歴史的には**禁句の「もし」**[*]を考えざるをえない。もし、このとき、アインシュタインが東北大の教授になっていたとしたら、どうなっただろうか？当時、最先端の学説だった相対性理論の講義がアインシュタイン本人から生で聴ければ、触発された若者は多かったはずだ。その結果、東北大のある仙台が物理学研究の中心地になっていたかもしれないし、日本における科学のレベルアップにも大きく貢献しただろう。さらに「あのアインシュタインが日本で大学教授をしていた」といった史実があれば、国内外への影響は後年まであったはずだ。

結果的には失敗したものの、このときの打診がアインシュタインに日本という国の存在を強く意識させるきっかけになったのはたしかだと思う。そしてそれがあったからこそ、後の来日要請にも前向きに応じたのではないだろうか。

Deep View

＊禁句の「もし」

すごいことを考えてしまったのだが、このときアインシュタインが東北大教授となり、そのまま長く滞在してくれたら、ドイツの不穏な動きに連動してアメリカではなく日本に亡命していたかもしれない。日本はドイツの同盟国だったが反ユダヤ政策はしていなかったのだから、可能性はなくはないだろう（来日中にもヨーロッパで多くみられるユダヤ人差別がないことに感動したという話がある）。すると、アインシュタインは日本国籍になっていたわけで（漢字なら亜因主他院?:）、歴史上の「もし」としては、ちょっとスケールが大きすぎるかなあ。

第4章

天才科学者の「晩年」はいつから始まったのか?

■量子力学に馴染めなかったアインシュタイン

相対性理論の正しさが証明され、ノーベル賞も取ることができた。そして、ヨーロッパを遠く離れた日本でも大歓迎を受け、自分の名声が世界的なものであることを実感する。1920年代のアインシュタインは、まさに絶頂にいた。

一般的に数学者や物理学者のピークは20代後半だといわれており、特殊相対性理論などによって「奇跡の年」を迎えたのが26歳であったことは、この説を裏づけるものだ。ところがアインシュタインはそれだけで終わらず、約10年後には重力系を加えた一般相対性理論を新たに打ち立て、再度、物理学の歴史を塗り替えたのだから、かなり息の長い科学者だと思う。

しかし、そんな天才にもいつかは「下り」は訪れるようで、そんな兆候がこのころから少しずつ表れ始める。

最初のつまづきは、量子力学の先駆者たちとの学術的な論争だった。

当時、ヨーロッパではソルベ会議という物理学者たちの集まりが数年ごとに開かれており（開催地はベルギーのブリュッセル）、最先端の研究テーマに関する熱い議論が交わされていた。1927年の第5回会議では「電子と光子」について話し合われることになっており、『光量子仮説』でノーベル賞を受賞していたアインシュタインも参加する。というか、物理学界ではすでに最高権威のひとりになっていたから、主役級の扱いだ。

ところが、このときの会議でアインシュタイン以上に注目を集めていたのは**ニールス・ボーア***やヴェルナー・ハイゼンベルクといった量子力学の先駆者たちだった。リーダーであるボーアの研究所の場所からコペンハーゲン解釈と呼ばれた彼らの主張は、電子などの非常に小さい粒子は確率的にしか存在しないという革命的なものだ。たとえば電子を箱に入れてから真ん中で仕切った場合、電子は2つに分けられた空間のうち「どちらかにいる」のではなく「それぞれに50パーセントずついる」とする。日常的な世界では想像もできない解釈だが、分子や原子などの微視的な物理現象を調べていくと、こう考えたほうが理解しやすいのである。このため、多くの物理学者が興味をもち、ボーアやハイゼンベルクの話を積極的に聞こうとした。

ところが、相対性理論によって古い物理学の常識を打ち破った改革者であるにもかかわらず、アインシュタインはなぜかこの確率論的な解釈になじめなかった。そして、ボーアとの激しい議論が始まるのである。

アインシュタインはさすがに天才科学者の誉れ高いだけあって、コペンハーゲン解釈への反論となる鋭い疑問を次々と投げつけていく。その勢いはすごく、ボーアは何度も土俵際まで追い詰められるのだが、途中、シンキングタイムをもらいながら説明を続け、最終的にはアインシュタインを論破してしまうのである。

その結果、会議の行方はコペンハーゲン学派に有利に進むのだが、それでも納得できないアインシュタインはいい顔をしない。それを見かねて、友人関係にあったオランダの物理学者パウル・エーレンフェストは、こう話しかけたという。

「アインシュタイン、私はあなたが恥ずかしい。あなたが量子論について語るのを聞いていると、あなたに反対する者が相対性理論を攻撃したのと同じではないか」（『アインシュタイン　天才が歩んだ愛すべき人生』）

これはまさに、アインシュタインが**物理学の先駆者ではなくなった***瞬間だった。

Deep View

＊ニールス・ボーア

量子力学における確率論的解釈に納得できないアインシュタインが知人への手紙に「神はサイコロを振らない（真理は確率的には決まらないという意味）」と書いたことを聞き、「神が決めることに注文をつけるべきではない」と反論したことは有名。ボーアはとにかく科学的な直感にすぐれた学者で、アインシュタインも「ボーアの直感と才能は思想の宇宙に響きわたる最高の音楽だ」と表したほどだった。

＊物理学の先駆者ではなくなった

相対性理論が物理学の古典となっている一方、ノーベル物理学賞の受賞者は今でも大半が量子力学分野の研究者であるように、こちらは常に進化し続けている。このとき、アインシュタインが素直にコペンハーゲン解釈を受け入れていれば、その後の人生はもう少し違ったものになっていたのかもしれないが、年を取って頑固になるのも「成長」なので仕方がない。

■人生二度目となるドイツからの脱出

ソルベ会議の翌年、アインシュタインは心臓病で倒れた。といっても発作が起きるほど重篤ではなく、重いスーツケースを引きずりながら雪の積もった急な坂を上っているときに気を失ったようで、急性拡張症と診断されている。医師の指導により厳重な食塩制限と禁煙が命じられ、彼はその言いつけをずっと守ったというから、健康面ではここがターニングポイントとなった。

肉体的な不安を抱える一方、ドイツ社会の不穏な動きもますます強まってくる。それでもアインシュタインは１９２９年に重要な論文『統一場理論』を発表しているし、その翌年からは夏のあいだだけアメリカのカリフォルニア工科大学で客員教授を務めるなど、精力的な活動を続けている。プライベートではベルリン郊外に別荘を建て、ドイツ国内における生活基盤を固めていたのだから、**それほど危機感をもってはいなかった**[*]ようだ。

ところがそんな安穏とした空気も、１９３２年にナチスが政権を取ると、一気に緊迫したものに変わっていく。さすがのアインシュタインも命の危険を感じ始めたのか、ドイツを離れベルギーに緊急避難した。そして１９３３年にはイギリスを経てアメリカに亡命することになる。そのときにはドイツ政府は彼を国家反逆者に認定していたので、まさに危機一髪の脱出劇だ。

しかし、せっかく自由の地アメリカに渡ったにもかかわらず、その後の研究活動はあまり順調とはいかなかった。時代は次の大戦に向かって荒れた状況にあり、その中でアインシュタインもさまざまな「事情」に巻き込まれていく。

その最たるものが、日本で彼について書かれるとき必ずといってもいいほど強調される、「大統領に原子爆弾の開発を勧めた」といった下りだろう。ただし、この点についても誤解が蔓延しているように感じるので説明しておきたい。

原爆の製造を提言する手紙を作成したのは、ハンガリー出身の亡命ユダヤ人物理学・分子生物学者のレオ・シラードだ。彼は命からがらドイツを脱出してきた経験を持つことからヒトラーとナチスへの反発が強く、また核分裂理論の専門家でもあったことからアメリカによる原爆開発を強く願っていた。しかし学者としての実績などから、彼の主張はほとんど影響力がなかったので、科学界のビッグスターであるアインシュタインに協力を求めたのである。

シラードの要請に対して、アインシュタインは最後まで抵抗を示したという。平和主義者としてのこだわりもあるし、もうひとつ重要なのは、彼は質量とエネルギーの等価性、つまり互換性があることは解き明かしたものの、その具体的な手段にはまったくタッチしていなかったからだ。その実現に力を発揮したのはエンリコ・フェルミやロバート・オッペンハイマーなどの後にマンハッタン計画(アメリカを中心とした原爆開発プロジェクト)に携わる実務派の物理学者たちで(科学者というより技術者的な側面が強い)、まったくジャンルが異なるのである。

それでもシラードの必死の説得に最後は根負けした格好で署名し、手紙は1939年にフランクリン・ルーズベルト大統領に届けられる。ただし、原爆を開発しても実際に使用することには反対し続けていたので、その旨を覚え書きとして加えることが条件だった。

そんなアインシュタインの思いが届かず、広島と長崎への原爆投下につながってしまったのには、2つの理由が考えられている。一つ目は、戦争末期の1945年4月にルーズベルト大統領が急死したことで政府内に混乱が生じ、統一した方針が続けられなかったという指摘だ。そしてもうひとつは、ヨーロッパと太平洋で戦線を拡大していたアメリカにとって平和主義で反戦論者のアインシュタインは危険人物でもあったから、最初から彼の主張に耳を傾ける気はなかったという指摘だ。どちらが真実かはわからないが、結局、原爆は使用され、そしてアインシュタインについても「原爆開発を勧告した」といった部分だけが独り歩きするようになってしまったのである。

そんな経緯にもかかわらず、アインシュタイン本人は強く責任を感じていた。原爆投下のニュースを聞いたときには激しい後悔の念に駆られ、以降、日本人に会うたびに謝罪したほどだ。そしてこのことが、なおいっそう平和運動にのめり込んでいくきっかけとなり、その分、研究活動に費やせる時間は少なくなっていく。

Deep View

***それほど危機感をもってはいなかった**

その後のドイツ国内の不穏な動きを考えると不思議だが、それは歴史をあとから俯瞰しているからで、現場にいる当事者は、案外、環境の変化に気づかないものだ。

■アメリカでできたこと、できなかったこと

第二次大戦後のアインシュタインは、こう言っては悪いが完全に「老人」である。終戦の前年、１９４４年には渡米後の本職だったプリンストン高等研究所の教授を定年退職し（65歳）、第一線からは身を引いている。その後は個人で研究活動を続け、70歳のときに最後の論文『一般相対性理論における粒子の運動』を発表するものの、特に大きな話題にはならなかった。研究所を辞めてからは科学界の新しい動きにも徐々に関心がなくなっていったようで、発言する内容にも勘違いのようなものが増えていく。

実をいえば、アメリカに来たときには、彼はすでに物理学者としては「時代遅れ」だと受けとられていた節がある。もちろん、背景にはいきなりやってきたスター学者への嫉みや反発などもあったのだろうが（若い科学者にとっては権威であるアインシュタインを軽視することで自分を大きく見せたいといった願望もあったと思う）、ただ、それを差し引いてもピークを過ぎた60歳近い物理学者に対抗できる術はなかった。本人も自覚があったのか、「自分は古い学者なのでもう相手にされない」と愚痴ともとれる発言をすることも多かったという。

そんな彼でも知名度は抜群だったので、戦後、ユダヤ人中心の国家として建国されたイス

ラエルでは、2代目大統領としてアインシュタインに白羽の矢を立て、1952年に就任を要請する。しかし、そのとき彼は73歳であったうえ、政治家としての実績すらないのだから、この話はあまりに無理があった（本人も「適性も経験もありません」と断っている）。

その3年後の1955年4月18日午前1時15分、アインシュタインは入院中の病院で動脈瘤破裂により死去する。このとき、夜勤の看護師は彼が呼吸困難を起こしていることに気づき、慌てて頭を上げて楽にさせようとしたが、そのまま息を引き取って生涯を終えた。最後に何かつぶやいたらしいが、ドイツ語だったので看護師は理解できず、偉人の辞世の言葉は残っていない。

エピローグ

天才とは人生における「選択と集中」ができる人である

アインシュタインが亡くなったとき、解剖を担当したトーマス・ハーベイという学者は遺族に無断で彼の脳を持ち出し、40年間にわたって保管し続けていた。といってもコレクションとして独占する気はなく、研究したいという申し出があればスライスした切片を配っていたので、「不世出の天才は脳の構造も、全然、違うはず」との思いから、その証拠をみつけてもらおうとしたのだろう。彼の思いが通じたのか、アインシュタインの脳に関していくつかの特徴が発見された。ただし、それらは「右脳と左脳との間の情報伝達が平均値より速かったかもしれない」といった程度の曖昧なものばかりであり、残念ながら「孤高の天才」を示す唯一無二の証拠がみつかったわけではない。それどころか、脳全体の重さは一般の平均より軽かったそうだから、結局、天才の秘密を探ることはできなかった。

それはそうだろう。アインシュタインが物理学において成し遂げた功績は大きく、優秀な科学者であったのは事実だが、それは何十年にもわたって地道に続けられた努力の成果であり、「天才」になるまでにはずいぶん時間がかかっている。そういう意味では「毎日、こつこつと岩山を彫って10年後に大きな仏像を完成させました」といった根性物語に通じるものがあるわけで、庶民が期待するような「ひらめきの人」だけではないのである。

そうなってくると、アインシュタインの何が偉かったのか、気になるところだ。科学史に残る業績からいえば3回以上ノーベル賞を受賞していてもおかしくなかったほど偉大であるのはたしかなので、成功につながった理由を知りたい。

答を筆者なりに挙げるならば、人並み外れた集中力だったと思う。十代のころに光について考え始め、その後、大学で本格的に物理学を学んでからは電磁気学の流れの中でさらに考察を深めていく。そして約10年後に特殊相対性理論を、約20年後に一般相対性理論を完成させた。それがアインシュタインの人生のメインイベントだ（この間、家庭も失っている）。

天才であっても、自分に合ったテーマをみつけることができなければスタート地点に立てないし、さらにその後、変人と思われるほど作業に集中できなければ大きな成功には到達できない。もちろん、そのどちらをクリアできたとしても時代や運といった外的要因によって成功確率は相当に低くなってしまうから、けっこうハイリスクな人生だ。そしてアインシュタインは、そんな大勝負に勝ったからこそ、歴史に残る偉人になれたのである。

そんなわけで、彼の脳をこれ以上、調べたからといって、相対性理論の秘密など絶対にわからない。それよりも、まだミッシングリンクの多いアインシュタインの生涯についてもっと研究したほうが得られる成果は多いと思う（だから人は「氏より育ち」だって！）。

参考図書

『アインシュタインの生涯』C．ゼーリッヒ（著）／広重徹（訳）／東京図書／1974.1

『アインシュタイン・ショック　大正日本を揺がせた四十三日間（全2巻）』金子務（著）／1991.4

『学習漫画 世界の伝記アインシュタイン　相対性理論を生みだした天才科学者』柳川創造、よしかわ進（著）／集英社／1992.11

『裸のアインシュタイン　女も宇宙も愛しぬいた男の大爆発』ロジャー ハイフィールド、ポール カーター（著）／古賀弥生（訳）／徳間書店／1994.4

『アインシュタイン伝』矢野健太郎（著）／新潮文庫／1997.6

『アインシュタイン　科学の巨人』岡田好恵（著）／講談社火の鳥伝記文庫／1998.4

『アインシュタイン　天才が歩んだ愛すべき人生』デニス・ブライアン（著）／鈴木主税（訳）／三田出版会／1998.4

『アインシュタイン、神を語る　宇宙・科学・宗教・平和』ウィリアム・ヘルマンス（著）／神保圭志（訳）／工作舎／2000.4

『アトムポケット人物館　アインシュタイン』氷室勲（作）／岩崎こたろう（画）／講談社学習コミック／2002.12

『評伝アインシュタイン』フィリップ・フランク（著）／矢野健太郎（訳）／岩波現代文庫／2005.9

『アインシュタイン丸かじり』志村史夫（著）／新潮新書／2007.3

『新装版 相対論のＡＢＣ　たった二つの原理ですべてがわかる』福島肇（著）／講談社ブルーバックス／2007.7

『アインシュタイン　ミクロの世界と宇宙のとびら』ルカ・ノヴェッリ（著）／滝川洋二（日本語監修）／関口英子（訳）／岩崎書店／2009.7

『アインシュタイン その生涯と宇宙　上巻』ウォルター・アイザックソン（著）／二間瀬敏史（監訳）／関宗蔵、

松田卓也、松浦俊輔（訳）／武田ランダムハウスジャパン／2011.6
『アインシュタイン 好奇心からすべて始まる（偉人のことば）』茂木健一郎（監修）／ＰＨＰ研究所／2014.3
『偉大なる失敗：天才科学者たちはどう間違えたか』マリオ・リヴィオ（著）／千葉敏生（訳）／早川書房／2015.1
『アインシュタインと相対性理論』Ｄ・Ｊ・レイン（著）／ないとうふみこ（訳）／玉川大学出版部／2015.12
『面白すぎる天才科学者たち 世界を変えた偉人たちの生き様』内田麻理香（著）／（講談社＋α文庫／2016.3
『マンガ 現代物理学を築いた巨人 ニールス・ボーアの量子論』リーランド・ホカ・パーヴィス（著）／ジム・オッタヴィアニ（原著）／園田英徳、今枝麻子（訳）／講談社ブルーバックス／2016.7
『不思議の国のトムキンス』ジョージ・ガモフ（著）／伏見康治（訳）／白揚社／2016.7

参考資料（映像）

『マリリンとアインシュタイン（Insignificance）』ニコラス・ローグ（監督）／イギリス映画／1985
『ＮＨＫスペシャル 神の数式 第１回この世は何からできているのか～天才たちの１００年の苦闘～／第２回宇宙はどこから来たのか～最後の難問に挑む天才たち～』日本放送協会／2013.9

参考資料（ウェブ）

『アインシュタインの方位磁石』真理・正義・平和／http://seturi597.blog.fc2.com/blog-entry-28.html
『文系でも〝深く〟分かった！ 相対性理論の解説【アインシュタイン】』アイデア共有ブログ／http://www.idea-

sense.com/entry/2016/02/12/094000

『研究レポート84　女グセが悪い暴言家その4　アインシュタイン、最初の離婚。』ほぼ日刊イトイ新聞―主婦と科学。／https://www.1101.com/kasoken/2007-12-20.html

『次代を照らす太陽エネルギー4　～太陽エネルギーはどのように地球に到達しているか～』地球と気象・地震を考える／http://blog.sizen-kankyo.com/blog/2011/06/913.html

『1－2／相対性理論』Super Institute of Gravity 3／http://sig3.org/soutairon/r12/index.html

『天才物理学者アインシュタインの知られざる10の素顔　～相対性理論並に不可解な人物像～』世界びっくりニュース／http://www.excite.co.jp/News/odd/Tocana_201412_post_5453.html?_p=3

『2013 04-29 theory-of_relativity』futon345 ／ https://www.slideshare.net/futon345/2013-0429-theoryofrelativity-20197575

『相対論物理学者に捧ぐ　その1』21世紀物理学の新しい公理の提案／http://www5b.biglobe.ne.jp/sugi_m/page006.htm

『一般相対性理論の誕生』個人的な　あまりにも個人的な／http://james.3zoku.com/kojintekina.com/monthly/monthly81211.html

『皆既日食と相対性理論』薩摩川内市せんだい宇宙館／http://sendaiuchukan.jp/event/news/2009eclipse/soutaisei/soutaisei.html

『ノーベル賞　賞金の使い道をカンシキ!』真相報道バンキシャ!／日本テレビ／http://www.ntv.co.jp/bankisha/kanshiki/2012/10/post-16.html

『アルベルト・アインシュタインと日本』中澤英雄／萬晩報／http://www.yorozubp.com/0502/050228.htm

『日本郵船の所有船舶』なつかしい日本の汽船／http://jpnships.g.dgdg.jp/company/nyk_meijikoki1.htm

『欧州航路・大正期』なつかしい日本の汽船／http://jpnships.g.dgdg.jp/taisho/taisho_route_oshu.htm

『アインシュタインがやって来た!』探検コム／http://www.tanken.com/ein.html

『ヒヤデス星団』はんどろやノート／http://blog.goo.ne.jp/handoroya/d/20070922
『伯林の月』はんどろやノート／http://blog.goo.ne.jp/handoroya/d/20071004
『日本郵船「北野丸」』はんどろやノート／http://blog.goo.ne.jp/handoroya/e/d6ac61739815c68280953a54fecff239
『アインシュタインと慶應義塾』慶應義塾大学／https://www.keio.ac.jp/ja/contents/stained_glass/2005/248.html
『アインシュタイン博士と東北大学』東北大学／http://www2.archives.tohoku.ac.jp/hensan/news/kiji2.htm#
『アインシュタインと仙台』仙台・宮城・東北を考える　おだずまジャーナル／https://plaza.rakuten.co.jp/odazuma/diary/200512140000/
『石原純、原阿佐緒不倫事件と「アララギ」』千野明日香／http://repo.lib.hosei.ac.jp/bitstream/10114/9342/1/nbs_72_senno.pdf

〈著者紹介〉

石川 憲二（いしかわ けんじ）

ジャーナリスト、作家、編集者

1958年東京生まれ。東京理科大学理学部卒業。週刊誌記者を経てフリーランスのライター＆編集者に。書籍や雑誌記事の制作および小説の執筆を行っているほか、30年以上にわたって企業や研究機関を取材し、技術やビジネスに関する解説記事を書き続けている。主な著書に『宇宙エレベーター　宇宙旅行を可能にする新技術』『マンガでわかる宇宙』『マンガでわかる量子力学』（オーム社）、『大人が読みたいエジソンの話　発明王にはネタ本があった!?』（日刊工業新聞社）などがある。

大人が読みたいアインシュタインの話
エジソンの発明と相対性理論の意外な関係

NDC289

2017年7月18日　初版1刷発行

定価はカバーに表示されております。

©著　者　石　川　憲　二
発行者　井　水　治　博
発行所　日刊工業新聞社

〒103-8548　東京都中央区日本橋小網町14-1
電話　書籍編集部　03-5644-7490
販売・管理部　03-5644-7410
FAX　03-5644-7400
振替口座　00190-2-186076
URL　http://pub.nikkan.co.jp/
email　info@media.nikkan.co.jp

印刷・製本　新日本印刷

落丁・乱丁本はお取り替えいたします。　2017　Printed in Japan

ISBN 978-4-526-07730-2　C3034